7~9세 독립보다 중요한 것은 없습니다

◆ 이서윤 지음 ◆

◆ 차례 ◆

머리말 7-9세, 인생독립의 발판을 만들다 • 7

1부 초등 시기, 인생의 시작점

초등학교는 불친절하다 • 15 | 초등 시기는 아주 중요하다 • 17 | 초등, 뇌가 형성되는 시기 • 20 | 아이들의 그림에서 보이는 것 • 22 | 부모가 해 주어야 하는 한 가지 • 24

2부 마음독립

마음이 건강해야 공부를 잘한다 • 29 | 마음의 힘을 길러 주는 마음독립 • 32 | 마음독립을 위한 첫 번째 : 자존감 • 34| 마음독립을 위한 두 번째 : 자율성 • 45 | 마음독립을 위한 세 번째 : 정서조절력 • 60 | 마음독립을 위한 네 번째 : 긍정성 • 75 | 마음독립을 위한 다섯 번째 : 끈기 • 86

3부 생활독립

생활독립이 필요한 이유・105 | 우리 아이의 생활독립・108 | 생활독립의 기본은 일정 관리・113 | 일상의 행동들을 습관으로 만들자・116 | 타인과의 생활독립・121 | 친구를 어떻게 사귈까?・124 | 만남 단계, 친구에게 다가가기・127 | 상호작용 단계, 친해지고 갈등을 해결하기・134 | 아이가 친구관계에서 상처를 받는 순간들・138 | 내 아이가 괴롭힘을 당할 때・142 | 남자아이 친구관계 특징 : 서열 짓기・147 | 여자아이 친구관계 특징 : 무리 짓기・153 | 담임 선생님과의 관계 만들기・160

Q&A 친구관계 고민・168

4부 학습독립

저학년의 공부, 삶을 지탱하는 힘・189 | 공부습관의 시작・191 | 공부습관의 첫걸음, 계획・194 | 학업격차가 벌어지는 시기를 잘 넘기는 방법・202 | 근접발달영역을 넓혀 주자・206 | 내 아이를 책임지는 것은 부모뿐이다・209 | 초등 공부의 큰 틀을 기억하자・213 | 국어, 단계별로 책 읽기와 글쓰기를 하자・217 | 수학, 수 감각을 키워라・234 | 영어, 책과 영상으로 다 잡자・249 | 사회와 과학, 통합교과 이해하기・255

1~2학년 학습 체크리스트・262

맺는말 매일매일 자라면서 독립하는 아이・266

◆ 머리말 ◆

7-9세,
인생독립의 발판을 만들다

"민지가 나와서 발표해 볼까?"

담임인 나의 말이 떨어지기 무섭게 민지는 칠판 앞으로 나오기 싫다며 울기 시작합니다.

"선생님, 하영이 시험 못 봤다고 울어요."

항상 100점만 맞는 하영이가 수학 시험 문제 하나를 틀렸다고 울고 있습니다.

"선생님, 화장실 다녀와도 되나요?"

지연이는 이유를 모르는 압박감 때문에 수업시간에 자주 화장실을 갑니다. 예민하고 자주 불안을 느끼는 지연이는 학교생활에서 스트레스를 많이 받나 봅니다.

"선생님, 어지러워요."

병원에서는 아무 이상이 없다고 진단받았지만, 지훈이는 수업시간마다 어지러움을 호소하며 책상에 엎드려 있습니다. 그러다 보니 지훈이는 교실이 너무 답답한가 봅니다.

"선생님, 승우가 뒤에서 자꾸 찌르고 괴롭혀요."

친구의 놀림과 괴롭힘 때문에 힘든 성진이는 매일 자신을 보호하기 위해 애쓰고 있습니다.

"지금 하는 활동은 수행평가예요."
"사물함 정리하는 시간 10분 줄게요."

아이들은 하루 가운데 많은 시간을 학교에서 보냅니다. 그러다 보니 학교생활에서 해야 할 일이 생각보다 훨씬 많습니다. 선생님이 계시는 교실에서는 그나마 낫지만 모든 곳에 매번 선생님과 같이할 수는 없습니다. 더구나 원하는 것만 할 수 없는 공간이기에 학교를 잘 다니는 것만으로도 우리 아이는 정말 잘 하고 있는 것입니다.

아무리 부모라 해도 아이가 겪는 모든 스트레스와 좌절감을 막아 줄 수 없습니다. 그러니 아이 스스로 스트레스, 실패감, 좌절감 따위를 어떻게 극복할 수 있도록 알려 줘야 수시로 닥치는 문제상황을 잘 극복해 나갈 수 있습니다. 학교는 배움의 전당이기도 하지만 '나'를 스스로 지켜 나가는 방법을 익히고 연습하는 곳이기도 합니다. 그야말로 아이가 독립하기 위한 첫 관문이 되는 곳이랍니다.

아이를 키우다 보면 '도대체 언제까지 뒤치다꺼리해야 하나?' 한

숨이 나오기도 합니다.

하지만 너무 멀리 생각하지 말고 지금 당장 '내 아이'만 놓고 보는 건 어떨까요? 자식도 부모에게서 독립하기 어렵지만, 부모 역시 자식을 완전한 독립시키기는 어렵습니다. 그렇다고 자식이 늘 부모와 함께일 수는 없습니다.

첫 번째 엄마 품에서의 시기는 0~3세로, 엄마는 혼자 걷거나 말하는 것조차 힘든 아이의 손과 발, 입이 되어야 합니다.

두 번째 엄마 품에서의 시기는 4~6세로, 아이가 혼자서 뛰어다니기 시작하면서 부모와의 술래잡기가 시작됩니다. 호기심을 해결하고 싶은 아이의 욕구와 안전하게 아이를 보호하고 싶은 부모의 욕구가 부딪혀서 정신없는 시기이기도 하지요.

엄마 품에서의 마지막 시기는 7~9세로, 학교 입학을 준비하고, 입학한 뒤에는 학교생활에 적응하는 단계입니다. 독립해야 하지만 아직은 혼자 하는 것에 두려움이 큰 시기라고 할 수 있습니다.

첫 독립을 맛보는 이 시기는 아이의 인생에서 중요합니다. 이때 부모가 모든 것을 다해주면 아이는 스스로 자기 삶에 주체성을 가질 수 없습니다. 내 아이의 뒤꽁무니를 평생 따라다닐 수 없다면 아이의 인생을 독립시키는 것이 최종 목표여야 합니다. 엄마 뱃속에서 나와 혼자서 아무것도 할 수 없던 아이가 부모보다 더 큰 존재가 되어 스스로 자신의 인생을 헤쳐 나갈 수 있는 것, 그것이 바로 부모가 해야 하는 목표인 것입니다.

아이를 키운다는 것은 부모의 인생을 갈아 넣는 것이라고 생각합니다. 시간과 노력을 쏟아부어 최선을 다해 키워도 기대하면 안 되는 자리가 바로 부모의 자리이기 때문입니다.

"너희들만 알아서 잘 살아라. 잘 사는 게 효도다."

이 말이 진심에서 우러나와야 하는 자리이고, 그렇게 알아서 잘 살 힘을 만들어 주어야 하는 자리가 바로 부모의 자리입니다.

이런 인생독립이라는 목표를 위해서는 크게 3가지를 독립시켜야 합니다.

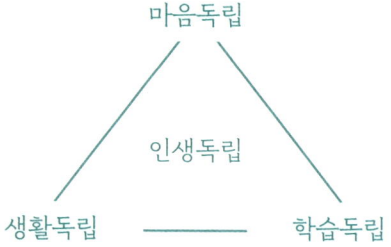

이 3가지 중 가장 중요한 건, 평생 살아갈 수 있는 마음의 힘을 길러 주는 마음독립입니다. 마음독립이 완성된다면 나머지 생활독립이나 공부독립도 어렵지 않게 이룰 수 있습니다. 아이가 자라면서 반드시 필요한 3가지 독립의 토대가 되는 시기가 바로 7~9세입니다. 이 시기에 우리는 학교생활과 친구관계에 대한 긍정성을 느끼고, 중·고등학교 시절까지 잘해 나갈 수 있는 의식과 자세를 갖추도록 해야 합니다. 단순히 부모님이나 선생님이 시키는 것을 잘하는 모범생 아이가 아니라 주체성과 자율성을 바탕으로 판단을 연습하고, 삶에 필요한 습관과 태도를 기를 수 있도록 해 주는 것이 중요합니다.

물론 7~9세가 지났다고 해서 아이가 변할 수 없거나 발전하지 않는 건 아닙니다. 그런데도 이 시기가 중요한 것은 부모의 영향을 많이 끼칠 수 있는 마지막 시기이기 때문입니다. 이 시기에 마음독립이 잘 형성된 아이는 10세 이후부터 스스로 할 수 있는 일이 더 많아집니다. 따라서 10세 이전, 깊이 있는 공부보다 일상생활에서 자기 관리를 잘할 수 있도록 도와주어야 합니다.

아이가 자라는 매 순간 중요하지 않은 시기는 없습니다. 그럼에도 7~9세는 어느 시기보다 아이의 독립을 위해 중요한 시기라는 것을 이 책을 통해 더 확실하게 알게 되는 계기가 되기를 바랍니다. 또한 이 책이 내 아이의 마음독립에 조금이나마 도움이 되기를 바랍니다.

정해진 서재가 없는 엄마
이서윤

1부
초등 시기, 인생의 시작점

초등학교는 불친절하다

아이는 자라면서 점차 부모가 아닌 다른 사람과의 관계를 형성한다. 특히 어린이집이나 유치원에 가게 되면서 어느 정도 부모와 떨어지는 시간이 생긴다. 아마 부모로서는 처음 아이를 기관에 보내는 날만큼 가슴 떨리는 경험은 없을지도 모른다. 5~6세 때 보내는 각종 기관은 그나마 느긋한 마음으로 아이를 보낼 수 있는 곳이다. 아이가 7세 후반기가 되면 부모는 새로운 걱정이 되기 시작한다. '우리 아이가 초등학교에 들어가서 잘할까?'라는 불안이다.

이때 엄마들이 불안감을 느끼는 것은 당연하다. 이런 불안감은 이 시기가 바로 변화의 시기와 맞닿아 있기 때문이다. 돌봄 기관에서 교육기관으로의 진입, 사회에서 요구하는 의무 교육기관인 초등학교 입학은 8세 아이에게는 물론이고, 부모에게도 큰 변화의 시기이다.

나 역시 내 아이를 낳기 전까지만 해도 '초등학교는 불친절하다.', '초등학교는 엄격하다.'라는 말에 동의할 수가 없었다. 더구나 가끔 "아이가 약을 먹었는지 확인 좀 부탁드려요.", "아이가 가정통신문을 자꾸 내지 않고 오는데 가방 좀 확인해 주세요."라는 연락을 학부모님들로부터 받을 때면 '도대체 학교를 뭐라고 생각하는 걸까? 왜 선생님인 나에게 이런 요구까지 하는 걸까?' 생각하기도 했다. 하지만 아이를 낳고, 어린이집과 유치원에 보내면서, 그리고 초등학교에 보내고 나서는 학부모들의 마음을 이해하게 되었다. 때로 과분하게까지 느껴졌던 어린이집이나 유치원의 친절함을 받았던 아이들이나 학부모가 초등학교에 입학한 후 처음에는 얼마나 당황하고 힘들었을지 말이다.

물론 지금은 학교도 예전에 비해 많이 달라졌다. 그렇다고 해도 유치원으로부터 받았던 '돌봄' 기능과 같은 것을 학교에서 기대하기는 힘들다. 그 이유는 분명하다. 학교는 '교육기관'이고, 아이들도 8세부터는 충분히 혼자 할 수 있어서다.

혼자 할 수 있도록 도와주고, 혼자 할 수 있는 기회를 주며 성장해 나가는 곳이 바로 초등학교이다.

초등 시기는 아주 중요하다

교직생활을 처음 시작할 무렵에는 초등 시기의 중요성이 나에게 크게 와닿지 않았다. 건강하게 잘 놀다가 중·고등학교 때 열심히 공부해서 대학에 가면 된다고 생각했던 것도 사실이다. 그런데 경력이 쌓이면서 '초등학교 시기'의 중요성을 깨닫게 되면서 정신을 바짝 차리게 되었다.

자기 이름만 쓸 줄 알아도 기특해 보였던 아이들이 초등학교에 입학해서 6년이라는 시간을 보내며 졸업할 즈음에는 성인과 비슷한 수준으로 읽고, 쓰고, 말을 할 수 있게 된다. 그만큼 엄청난 양을 습득하는 시기이다.

당연하게 생각했던 초등학교 공부가 선생님이 되어 교육과정을 바탕으로 살펴보니 당연한 게 아니라는 것을 알았다. 초등학교 때부터 성실하게 학습의 탑을 쌓아가야 중·고등학교 학습으로 이어 갈 수 있기 때문이다. 초등학교는 그 단단한 기초를 다지는 시기여야 한다.

공부에 대한 긍정적인 감정은 놓치지 않으면서 학습습관을 잡아가는 시기, 학습과정에 구멍이 없이 하나하나 배워가는 시기, 그것을 도와주는 시기가 바로 초등 시기다.

초등 고학년만 되어도 부모가 학습을 도와주기 힘들 정도로 교과의 내용이 어려워진다. 그러다 보니 아이는 부모의 도움이 간섭으로 느끼기 전인 초등 저학년 때 학습에 대한 도움을 주는 것이 매우 중요하다.

물론 초등 시기가 학습적으로만 튼튼한 기초를 쌓는 시기는 아니다. 이 시기를 거치면서 친구들과 어떻게 어울려야 하는지, 집단생활은 어떻게 하는지를 배운다. 나의 욕구와 상대의 욕구를 조절하는 법을 배우고 동시에 내 감정을 어떻게 조절해야 할지도 배운다. 즉 '눈치'를 배운다.

또래 친구들이 같은 교실에 모여 함께 생활하는 것은 쉽지 않은 일이다. 친구를 배려하고, 서로 의견을 주고받고, 갈등을 해결해 나가고, 힘의 강약에 대처하고 아무것도 할 수 없는 순간을 버티는 것 등과 같은 많은 것이 교실이라는 폐쇄적인 장소에서 일어난다. 눈치 봐야 할 것도 많고, 지켜야 할 규칙도 많고, 배워야 할 공부도 많다. 짜

여진 틀 속에 자신을 맞춰 가는 것을 배우며 본격적인 사회화가 이루어지는 시기이다.

사람마다 어린 시절의 기억이 다르겠지만 보통은 초등 시기부터의 기억은 또렷하게 간직한다. 기억이 또렷해지면서 본격적인 사회화 기관에 적응하기 시작하는 7~9세, 무엇을 도와줄 수 있을지 부모는 궁금하고 불안하다.

초등, 뇌가 형성되는 시기

시냅스란 뇌세포(뉴런)끼리 서로 의사소통하기 위해서 연결된 부분이다. 뇌세포 사이를 연결하는 가느다란 줄이라고 생각하면 된다. 이 시냅스가 어떻게 연결되어 있느냐에 따라 재능이 달라지고 생각하는 방식도 달라진다. 사람마다 연결된 시냅스가 다르다 보니, 어떤 사건을 이해하고 느끼고, 행동하는 것이 다 다르다. 이 개개인의 뇌 회로 차이가 재능을 만들어 내고 사람 간의 차이를 만들어 낸다.

그렇다면 시냅스는 어떻게 만들어질까? 아이가 태어나고 첫 3년 동안, 1,000억 개의 뉴런이 각각 1만 5,000개의 시냅스 연결을 만든다. 엄청나게 많은 시냅스가 만들어져 뇌세포가 서로 연결되는 것이다. 그리고 그 후 3살부터 15살까지는 3년 동안 정성 들여 연결해 만들었던 시냅스를 끊어 내는 두뇌 가지치기를 시작한다.

뇌 회로를 형성하기 위해 엄청난 에너지를 쏟아부어 놓고 도대체 왜 또다시 대부분을 없애는 것일까? 시냅스가 많다고 똑똑해지는 것이 아니기 때문이다. 오히려 너무 많은 시냅스는 잘하는 부분에 집중하는 것을 방해한다. 그래서 자신에게 약한 부분은 끊어 없애고 가장 강력하게 연결된 시냅스를 잘 이용할 수 있도록 만든다.

태어난 후 몇 해 동안은 최대한 많은 정보를 일방적으로 무조건 흡수해야 한다. 그렇게 수많은 정보를 흡수하면서 어느 정도 성장하고 나면 유전과 경험을 바탕으로 자신에게 가장 유리하고 사용하기 쉬운 강점회로를 골라 내어 남기고, 효율성이 떨어지는 회로는 없앤다. 즉 마구잡이로 연결해 놓았던 시냅스 중에 사용하지 않는 것은 없애 버리는 과정인 것이다.

시냅스가 끊어진 부분은 나중에 아무리 노력해도 연결될 수 없는 것일까? 그건 아니다. 다시 연결될 수 있다. 하지만 대단히 많은 시간이 필요하고, 견고하게 연결되지 않을 수도 있다. 초등 시기는 이처럼 두뇌 가지치기가 되는 시기다. 유전적으로 유리한 것을 남겨질 테지만 자주 사용하는 시냅스가 살아남는다. 그러니 이 시기에 어떤 시냅스를 자주 쓰게 만들어 주느냐가 아이의 시냅스 연결을 결정한다. 따라서 이 시기의 아이에게 부모의 개입은 '적당하게' 그리고 '반드시' 필요하다.

아이들의 그림에서 보이는 것

    8~9년 전부터 담임을 맡을 때면 학생들의 마음이나 가족 관계를 알아보려고 꾸준히 해왔던 것이 가족 관계 검사다. A4용지 혹은 도화지를 주고 "일요일 오후, 가족의 모습을 그려 보세요."라고 한다. 일요일 오후는 상징적인 의미다. 온 가족이 모여 있을 확률이 가장 높은 시간이기 때문이다. 그러니 꼭 일요일 오후가 아니어도 가족이 집에 있을 때의 모습이면 된다. 이때 한 장소에 꼭 함께 있는 장면이 아니라도 된다.

    어떤 조건도 붙이지 않고, 친구들끼리 서로 볼 수 없도록 시험대형으로 앉아 가림막까지 친 상태에서 그림을 그리게 한다. 학생들은 주로 가장 '최근'의 기억이나 '자주' 있었던 일들을 그린다. 그리고 아이들은 신기하게 정말 다양한 그림을 그린다.

우선, 가족과 함께 TV를 보거나, 뭔가를 먹거나, 운동하는 그림을 그린 아이들이 있다. 이와 달리, 각자 방에서 할 일을 하는 모습을 그린 아이도 있다. 어쩌면 이 정도는 상상이 가능한 그림이다. 사람은 하나도 그리지 않고 물건만 잔뜩 그린 그림, 사람 뒷모습만 까맣게 칠한 그림, 사람이 비행기에서 떨어지는 그림 등 상상하지도 못했던 그림들이 나온다. 그림을 잘 그리고 못 그리고를 보는 그림이 아니다. 그림에서 느껴지는 기운이 다르다는 의미다.

가족화를 그려 보면, 가족 모두와 혹은 일부라도 함께 무언가를 하는 밝은 기운이 나는 그림을 그리는 경우가 매번 일정 비율을 차지한다. 전체 인원의 30퍼센트 정도로, 한 반이 24명이라면 8~9명 정도의 학생이 그리는 그림이다. 그리고 공통적으로 이들의 학교생활은 밝고, 자존감이 높고, 학습적인 측면에서도 의욕과 도전을 보인다.

반면, 어두운 그림, 외로운 그림, 어떻게 보면 기괴해 보이기까지 하는 그림을 그리는 아이들이 있다. 그런 그림을 그리는 아이들은 자존감이 낮거나 건강한 관계를 잘 이어 가지 못하거나 학습을 어려워하는 경우가 많았다.

1년을 함께 할 담임으로서, 지나치게 산만한 그림을 그리는 아이들과 어두운 그림을 그리는 아이들은 도대체 무엇 때문인지를 고민할 수밖에 없다.

부모가 해 주어야 하는 한 가지

 사회학자이자 참여 지식인으로 유명한 피에르 부르디외(Pierre Bourdieu)는 부모가 아이에게 물려줄 수 있는 자본은 3가지가 있다고 했다. 돈에 관련된 경제적 자본과 이 경제적 자본을 통해 가질 수 있는 문화적 자본, 그리고 부모가 아이와 얼마나 어떤 상호작용을 하느냐에 따른 사회적 자본이다.

 밝은 기운의 가족 그림을 그렸던 학생들의 공통점은 경제적 자본이 아니었다. 경제적으로 여유 있는 가정도 있고, 그렇지 않은 가정도 있었으니까 말이다. 아이들의 공통점은 사회적 자본이었다. 어쩌면 너무 당연한 결과인지도 모른다.

 공부머리를 위해 가장 최우선이 되어야 하는 것, 인생에 있어서 가장 최우선이 되어야 하는 것은 가족들이 긍정적으로 상호작용을 하는 사회적 자본이다. 인간관계를 잘 유지하려면 긍정적인 상호작용이 부정적인 상호작용보다 비율이 높아야 한다. 부모와 자식 관계에 있어서는 더 그렇다. 그렇다고 무조건 화를 내면 안 된다는 말은 아니다. 다만 수용하고, 공감하고, 지지하고, 격려해 주는 상호작용이 비난하거나 비교하거나 공격하는 부정적인 상호작용보다 훨씬 많아야 한다는 의미다.

아이의 마음이 건강해야 공부도 잘할 수 있다. 물론 공부를 무조건 잘하게 되는 것은 아니지만 건강한 마음이 기본조건이라는 뜻이다. 비단 공부 문제뿐만이 아니라 행복한 생활의 기본이 건강한 마음이라는 걸 모르는 사람은 아무도 없다.

지금까지 아이의 마음 건강을 제대로 들여다보지 못했다고 자책하지 말자. 아이가 학교생활을 시작하는 지금, 새롭게 시작되는 사회관계를 잘 맺을 수 있도록 든든히 다져 주면 된다.

장기적으로는 아이가 자신의 인생을 탄탄하게 꾸려갈 수 있도록 마음독립을 위해 해 줄 수 있는 것이 무엇인지를 고민해 보고, 정신적인 에너지 자원을 준비함으로써 삶에서 가장 강력한 정서적인 연료들이 필요해지는 순간에 사용할 수 있도록 해 주어야 한다.

아이의 첫 사회생활인 초등학교 생활을 시작하는 7~9세의 시기가 그래서 중요하다. 그리고 그 이후에 어떤 마음을 어떻게 길러 줘야 할지도 차근차근 준비해 두어야 한다.

2부 마음독립

마음이 건강해야 공부를 잘한다

교실에서 보면 마음이 건강한 아이들은 친구들과의 관계에서 자기만의 중심을 갖고 있으면서도 배려할 줄 안다. 선생님을 존중하면서도 자기 의견을 예의 바르게 표현할 줄 안다. 수업시간에 적극적으로 참여하고 무엇이든 의욕적으로 시도한다. 무엇보다도 긍정적이다. 마음에 힘이 있으니 공부하면서 마주하게 되는 좌절과 불안도 잘 이겨 내고, 하나하나 성취하려고 노력한다.

학창시절 나는 이런 생각을 하고는 했다.

'친구와 자꾸 비교하는 마음, 시험을 앞두고 긴장되는 마음, 부모님과 선생님들의 기대가 부담스러운 마음, 미래의 불확실함에 대해 불안한 마음, 이 모든 마음이 내 마음속에서 사라지면 좋겠다.'

공부하는 것 자체가 힘들지는 않았다. 새로운 것을 배우는 것도 재미있었고, 숙제를 다 하고 느껴지는 뿌듯함도 좋았다. 하지만 유난히 불안감을 많이 느꼈던 나는 친구와 비교되는 것에 예민했고, 타인의 시선이 힘겨웠다. 스스로 마음 조절에 실패하고, 고등학교 시절에는 불면증까지 앓기도 했다. 시험 문제를 열심히 풀고는 OMR 카드 마킹을 하지 않는 실수를 저지르기도 했다. 당연히 성적은 뚝 떨어졌고, 원하는 결과를 얻지 못했다. 그때만 해도 단순히 내가 너무 불안한 것이 문제라고 생각했다.

세계적인 심리학자, 대니얼 골먼(Daniel Goleman)은 '감정이입능력'을 키우면 행동이 좋아질 뿐만 아니라 학업성취도가 높아진다고 말했다. 그는 사회정서학습 SEL(Social and Emotional Learning) 프로그램을 아동에서 고등학생까지를 대상으로 운영했는데, 실험 결과 학업성취 면에서 굉장한 효과를 보았다고 했다. 이 조사에 참여한 학생 중 최고 50퍼센트가 학업성취도 향상을 보였고, 최고 38퍼센트의 학생은 평균점수가 좋아졌다. 사회적인 부분과 정서적인 부분에 관련된 프로그램을 적용했는데 어떻게 학습적인 면이 좋아지게 되었던 것일까?

화가 나면 이성적으로 생각하기가 힘들 때가 있다. 시간이 지나고 나면 '내가 왜 그랬을까?' 하고 의아해질 정도로 행동하기도 한다. 주어진 과제나 문제를 해결하는 데 꼭 필요한 사실을 기억하는 주의력을 '작동기억(working memory)'이라고 한다. 뇌에서 전전두엽 피질은 작동기억을 책임진다. 그러나 초조, 분노 같은 강한 감정의 신호가 전전두엽의 능력을 손상시킬 수 있다. 즉, 화가 나면 전전두엽의 능력이 손상되고, 그러면 작동기억이 제대로 작동하지 않아 이성적으로 생각할 수가 없게 되는 것이다. 즉 '사고'는 '감정'과 깊은 관련이 있다.

한 연구에서 평균 이상의 IQ를 지녔지만, 성적이 나쁜 초등학생들을 대상으로 신경심리학적 검사를 했다. 그 결과 놀랍게도 전두엽 기능 손상으로 나타났다고 한다. 지능은 좋지만, 전두엽 기능의 손상으로 감정의 신호가 조절되지 않아 뇌의 작동기억이 제대로 작동하지 못해서 성적이 나빴다.

다시 나의 학창시절로 돌아가 생각해 보면, 단순히 불안감 때문에 시험이 힘든 것이 아니었다. 과도한 초조함과 긴장감 때문에 작동기억을 유지하는 전전두엽의 능력이 손상되었고, 그러다 보니 아는 문제도 틀리고, 이해도 잘 안 되는 현상이 계속된 것이다.

마음의 힘을 길러 주는 마음독립

　IQ는 인생의 성공을 결정짓는 요인들 중 20퍼센트를 차지할 뿐이고 나머지 80퍼센트는 다른 요인들이 결정한다. 평범한 IQ를 지닌 사람이 뛰어난 능력을 발휘한 경우는 자기 자신에게 스스로 동기를 부여할 줄 알고, 좌절 속에서도 포기하지 않고 목표를 향해 밀고 나갔기 때문이다. 충동을 억제하고, 자기 기분을 통제하고, 걱정거리 때문에 사고력이 낮아지지 않도록 했다. 다른 사람에게 감정이입을 할 줄 알고, 마음에 희망을 품는 것은 물론이고, 열성과 끈기 등과 같은 마음의 힘을 가졌기 때문이었다.

　우리는 종종 공부하기 힘든 상황 속에서 공부로 성공한 사람, 빚더미에 앉아 바닥까지 좌절했다 다시 성공한 사람들의 이야기를 듣고는 한다. 그러한 좌절이나 상실, 위험 속에서 목표를 향해 나아가게 해 주고 문제를 해결하게 도와주는 힘이 바로 '마음의 힘'이다. 내가 내 마음을 조절할 줄 알고, 건강한 마음을 갖고 있어야 공부를 잘할 수 있을 뿐만 아니라 마음을 활용할 수도 있게 된다.

공부뿐 아니라, 모든 인생사에는 '마음'이 중요하다. 공부를 잘하기 위해서도 마음이 건강해야 하지만, 인생을 잘 살아가는 데 더 필요하다. 그러니 아이에게 부모로서 해 줄 수 있는 가장 중요한 것은 바로 '마음의 힘'을 키워 주는 것이다. 마음의 힘이 바로 '마음독립'이다.

인생을 살다 보면 상황은 끊임없이 변한다. 아이가 자라면서 겪는 수많은 실패와 불안을 부모가 일일이 막아 줄 수 없다. 아이를 독립시킨다는 것은 좌절, 실패, 불안도 잘 버텨 나가는 힘을 주는 것이다. 마음독립은 바로, 우리 인생에서 행복한 순간을 많이 찾아내고, 힘든 순간도 극복해 나가는 힘을 말한다.

이제 마음독립의 바탕이 되는 5가지 마음에 대해 말할 것이다. '자존감, 자율성, 정서조절력, 긍정성, 끈기 이렇게 다섯 가지 마음을 하나로 모으면 마음독립!' 이제 5가지 마음의 힘을 갖도록 부모가 해 줄 수 있는 것들을 하나씩 알아보자.

마음독립을 위한
첫 번째 : 자존감

　나는 담임으로 학부모를 만나기도 하지만 유튜브, 블로그 등 다양한 통로를 통해서도 부모들을 만나고 있다. 그런데 어디서 만나든 가장 공통으로 듣는 말이 있다.
　"우리 아이 자존감이 걱정이에요."
　부모는 내 아이의 자존감을 가장 많이 걱정한다. 심지어 우리 반 아이들조차 "선생님, 그렇게 말씀하시면 저희 자존감이 낮아져요!"라고 불만을 제기할 정도다. 그만큼 '자존감'은 사람들 사이에서 널리 쓰이는 단어가 되었다. 그렇다면 자존감이란 무엇일까? 자존감에 대한 정의를 내리면 다음과 같다.

> "자신에 대한 긍정적 또는 부정적인 평가와 관련하여 자기를 존중하고 가치 있는 사람으로 생각하는 정도. '자기 능력'에 대한 태도와 '자기 가치'에 대한 태도의 합."

쉽게 말해 '내가 나를 어떻게 생각하느냐.'이다. 내가 꼴등이라도, 내가 왕따라도, 나 자신을 사랑한다면 아무 문제가 없다. '다른 사람들이 나를 어떻게 보느냐.'가 아니라 '내가 나를 어떻게 보느냐.'의 문제가 자존감이다.

어린아이는 부모와 나를 분리하기 힘들다. 즉 내가 나를 어떻게 생각하느냐는 부모가 나를 어떻게 생각하느냐와 같은 말이다. 따라서 아이가 어릴수록 부모가 나를 어떻게 보느냐에 따라 아이가 자기 자신을 어떻게 보느냐가 많이 달라진다. 그러다 커 가면서는 타인의 잣대와 저울에 평가받을 일이 많아지고, 꼭 누가 평가하지 않아도 자신을 타인과 비교하게 된다. 부모 역시 옆집 아이의 성취와 우리 아이의 성취를 비교하는 일이 늘어나면서 아이의 성취를 마치 부모의 자존감으로 여기면서 아이에게 성취를 요구하는 일이 많아진다.

학교에 입학하면서 아이는 끊임없이 또래 친구와 비교할 일이 생긴다. 수업시간에 같은 반 친구는 잘하는데 자신은 못하는 상황을 직접 겪게 되고, 친구관계도 원하는 대로 되지 않기가 일쑤다. 학교생활에서 실패하고 좌절할 일은 수도 없이 일어난다. '좌절'과 '비교'가 난무하는 상황 속에서 자존감을 지키는 일은 쉽지 않다.

그럼 우리 아이의 자존감을 위해 어떤 것을 해 주어야 할까? 무엇보다 가장 중요한 것은 바로 '수용'이다. 부모가 내 아이를 온전하게 인정하고 수용해 주는 것은 '근자감(근거 없는 자신감)'을 심어 주는 것이다. 부모에게 무조건 오냐오냐 하라는 것이 아니다. 스스로 인정할 만한 성취, 내가 점점 나아지고 있음을 객관적으로 인정할 수 있는 성취가 필요하다. 따라서 우리 아이가 객관적인 성취를 이룰 수 있도록 도움의 사다리를 놓아 주어야 한다.

'수용'은 아이를 온전히 받아들인다는 것이다. 다시 말하면 '믿는다'는 것이다. 내 아이를 믿지 않는다는 증거 가운데 확실한 것이 잔소리가 많아지는 것과 기회를 주지 않는 것이다. 그렇다고 잘못된 행동까지 모두 오냐오냐하라는 것이 아니다. 아이가 눈치 보지 않으면서 마음껏 시행착오를 할 수 있는 기회를 주고 필요할 때 도움을 적절하게 주어야 한다. 그러기 위해서는 '온전한 수용'과 '도움의 사다리'가 필요하다.

온전하게 사랑한다는 것은 부정적인 감정까지 안아 주는 것이다

그리스 신화에 나오는 조각가 피그말리온은 아름다운 여인상을 조각하고는 그 여인상을 진심으로 사랑하게 된다. 여신 아프로디테는 그의 사랑에 감동하여 여인상에게 생명을 주었고, 피그말리온은 사람이 된 여인과 결혼해 행복한 삶을 누렸다.

아이를 믿어 주고, 기대를 하라고 말하는 이유 역시 피그말리온 효과를 기대해서다. 하지만 여기에는 반드시 더해져야 할 것이 있다. 성공해야만 너를 사랑하는 것이 아니라는 것, 실패해도 괜찮다는 것이다. 아이는 성취와 상관없이 사랑받아야 하기 때문이다.

아이는 학교생활을 하면서 끊임없이 시험을 당한다. 시간 안에 해내야 하는 활동들도 많고, 혹시 친구와의 관계가 어긋나면 무리에서 퇴출당한다. 늘 사랑에 조건이 있다 보니, 아이들에게 조건 없이 사랑받는 유일한 공간인 가정과 유일한 사람인 부모는 너무 중요하다. 여기서 많은 부모가 잘못 생각하는 것이 '조건 없이 사랑한다는 것'이다.

조건 없이 사랑한다는 것에는 아이의 '부정적인 감정'까지도 받아 주는 것이 핵심이라고 생각한다. 아이가 짜증을 내거나 화를 내면서 부정적인 감정을 보이면 부모도 당연히 함께 짜증을 내고 화를 낸다. 감정은 전달되기 때문이다. 그리고 이렇게 말한다.

"너 그게 엄마 앞에서 무슨 말버릇이야?"

"기분 좋게 말하라고 했지?"

"엄마한테 짜증 내지 말라고 했지?"

이는 곧 '짜증을 내지 않고 기쁜 감정을 표현하는 너'만 사랑하겠다는 말과 같다. 부정적인 감정은 부모 앞에서 용납되지 않은 감정이 되어 버린다.

하지만 부모만이 기꺼이 내 아이의 부정적인 감정도 받아 줄 수 있다. 감정을 받아 준다고 해서 잘못된 행동을 방치하라는 말이 아니다. 충분히 부정적인 감정을 공감해 준 후에 아이에게 알려 줄 수 있다.

우리는 공감이라는 것이 "~했구나."라는 것을 모두 알고 있다. 알고는 있지만 공감이 생각보다 쉽지는 않다. 부정적인 감정을 표현했을 때 공감해야 하는 상황이 더 많기 때문이다. 또 부모는 공감해 주면 아이가 허락한다고 착각할까 봐 걱정한다.

예를 들어 아이가 약속했던 대로 보고 있던 유튜브를 꺼야 하는 상황이라고 하자. 유튜브를 끄기 싫다고 짜증을 내는 아이에게 "유튜브를 더 보고 싶은데 꺼야 하니 짜증이 나고 속상하겠구나."라고 공감하는 것은 쉬운 일이 아니다. 또 공감하면 더 봐도 된다고 오해할까 봐 쉽게 공감하지 못한다. 감정은 공감해 줄 수 있다. 우리도 드라마를 보다가 꺼야 하는 상황이면 짜증이 나고 속상하다. 하지만 공감해 준 이후에 잘못된 행동이 무엇이었는지 알려 주라는 말이다. 아이의 잘못된 행동을 고쳐 주고자 할 때 흔히 부모가 하는 행동의 순서이다.

부모가 원하지 않는 행동을 아이가 한다.
⇒ 부모는 비교하거나 비난하며 화를 내거나 아이의 수치심을 자극한다.
⇒ 아이는 억지로 부모의 말을 따른다.
(머리가 크면 이것조차 듣지 않고 반항한다)

아이의 행동에 화가 나는 이유는 내 마음 때문이다

하루에도 몇 번씩 부모는 아이에게 지시를 하고 또 통제한다. 물론 부모도 할 말은 많다. "다 너희들을 사랑해서 그런 거야!"

나 역시 아들을 사랑하기 때문에 유튜브를 못 보게 하고, 일찍 자라고 하고, 식사 때에 반찬을 골고루 먹으라고 한다. 또 학생들을 사랑하기 때문에 자신의 책상과 사물함 정리를 시키고, 수업 준비를 미리 하라고 하고, 일기를 쓰라고 한다. 행동의 목적은 아이를 위함이 맞지만, 내 생각에 아이가 따라 주지 않는다고 화를 내는 것은 아이를 위한다는 목적과는 맞지 않는다.

아이의 행동에 화가 나는 이유가 엄마의 불안감과 죄책감 때문이라는 것을 최근에야 깨달았다. 아이의 행동 때문이 아니라 내 마음 때문에 화가 난다는 것을 말이다.

늦게 자려는 아들에게 "엄마가 아까부터 방에 들어가서 자라고 했지? 왜 매번 늦게 자는 거야?"라고 혼내고 나서 순간 '아차' 한다. 내가 화를 내는 이유는 사실 '늦게 자는 아들의 행동' 때문이 아니라 '내일 일찍 일어나야 하는 상황에 대한 나의 불안감'이라는 걸 알아차려서다. 내일이 휴일이면 조금 늦게 자도 아들에게 이렇게 화가 나지 않는다. 그런데 내일 아침에 일찍 출근해야 한다는 나의 긴장과 불안 때문에 아들의 행동을 탓하게 된다.

집에서 아이를 공부시켜야 하는 상황도 마찬가지다. 내 컨디션이 좋을 때는 여유 있게 아이와 함께 할 학습지나 교구 등을 꺼내 공부 환경부터 만든다. 그런데 컨디션이 좋지 않으면, 불안함과 동시에 죄책감이 함께 몰려와 괜히 아이에게 화부터 내기 시작한다.

"엄마가 꼭 하라고 해야만 공부를 시작하니? 이게 네 공부지, 엄마 공부야?"

부모가 아이를 걱정하다가 그 걱정이 불안과 두려움으로 변하고, 그러다 보니 아이를 통제하려는 것이다. 아니라고 하고 싶겠지만 잠시만 숨을 고르고 천천히 생각해 보자. 내가 기분이 좋을 때는 아이의 잘못된 행동에도 화가 덜 날 것이다. 아니, 화가 나지 않을지도 모른다. 기분이 나쁠 때 잘못된 행동을 한 아이는 그날 엄마의 짜증받이가 되어야 했을지도 모른다.

내가 사랑하는 마음에서 한 행동이라고 다 사랑이 아니다

부모는 사랑하는 마음에서 한 행동일지 모르지만 받아들이는 아이는 꼭 그렇지 않을 수 있다. 부모가 표현하는 사랑의 방법을 아이가 사랑이라고 느끼지 않거나 혹은 그 차이가 크다면 그것은 부모 중심적인 사랑이다. 세상에 내 아이를 사랑하지 않는 부모가 어디 있을까. 다만 그게 아이에게 와닿는 사랑인지 아닌지가 문제일 뿐이다. 부모는 자기의 자녀가 사랑을 어떻게 받아들이고 있는지 끊임없이 살펴야 한다.

사랑이란 '다른 사람의 있는 그대로의 모습을 온전히 수용해 주고 존중해 주는 능력'이다. 다른 사람을 있는 그대로 수용하고 존중하려면 어떻게 해야 할까? 먼저 나 자신을 그렇게 온전히 수용하고 존중하면서 사랑해야 한다. 자신을 사랑하는 것조차 조건적이라면 당연히 아이를 사랑하는 데도 조건적일 수밖에 없다. 아이의 있는 모습 그대로를 인정하는 것이 아니라 아이가 나에게 어떤 감정을 느끼게 하느냐를 기준으로 아이를 사랑하게 된다. 아이가 할 일을 열심히 하고, 예의 바르게 행동하고, 말까지 예쁘게 하면 사랑스럽지만, 짜증을 내고 힘들게 하고, 할 일을 하지 않으면 비난하고 화를 낸다.

하지만 아이가 느끼게 하는 이런 감정은 내 마음이 만들어 낸 감정이다. 나를 사랑하면 내 아이가 부족한 존재라는 생각에 불안을 느끼지 않고 있는 그대로의 아이를 볼 수 있게 된다. 그러면 아이는 부모의 인정을 받아야 가치 있다고 여기지 않게 되므로 자신의 가치를 굳이 증명하려고 애쓰지 않는다. 부모의 눈치를 보면서 부모를 실망시킬까 봐 선택하지 않고, 정말 내가 원하는 것에 대해 들여다보고 생각한다. 그리고 그런 아이는 자기 자신을 사랑하게 된다.

"엄마가 이렇게 고생해서 너를 학원 보내는데, 그런 태도로 공부하면 되겠니?"
"네가 그러면 엄마가 너무 슬퍼."
"아빠한테는 너밖에 없는데, 어떻게 그럴 수 있니?"

혹시 아이에게 이런 말을 해 본 적이 있는가? 이렇게 하소연하는 말은 아이가 자신의 욕구를 정당하게 생각하지 못하게 한다. 이런 말을 들은 아이는 스스로 '나는 부모님을 힘들게 하는 아이야.'라고 생각하고 자존감이 낮아진다. 그리고 내가 정말 원하는 것이 아니라 부모님을 기쁘게 하기 위한 선택하게 된다. 부모가 조금 이기적이고 행복해야 하는 이유가 바로 이 때문이다.

스스로를
생각하고   VS   희생하고
행복해 하는 부모   하소연하는 부모

둘 중 어떤 유형의 부모가 되고 싶은가? 아이는 죄책감이 들고 미안하면서 동시에 이런 생각을 한다. '누가 희생해 달라고 했어?'

아이를 통제하지 않는다는 것이 방치한다는 뜻은 아니다. 부정적인 감정까지 온전하게 받아 주어야 한다고 해서 잘못된 행동을 해도 그대로 받아 주어야 한다는 것도 아니다. 부모에게 부정적인 감정을 받아 주라고 하면 항상 이런 반응들이 먼저 나온다.

"언제까지 응석받이로 키워야 해요?"
"그러다가 버릇 나빠져요."

정말 그럴까? 부정적인 감정을 온전하게 받아 주면 아이는 부모를 신뢰하게 된다. 엄마, 아빠가 나의 짜증과 화까지도 수용해 준다는 것은 나의 좋은 모습, 좋지 않은 모습까지도 받아 준다는 것이다. '나를 진정으로 사랑하는구나.'라고 느낀다. 그리고 그렇게 나를 사랑하는 엄마, 아빠가 안 된다고 하는 것은 이유가 있다고 생각하게 된다. 감정의 찌꺼기를 다 털고 난 후에는 부모님이 하는 말에 오히려 더 귀 기울이게 되고 행동통제는 더 잘 된다.

바로잡아 주어야 할 일이 있다면 감정을 받아 준 후에 단호하게 행동에 대한 허용선을 그어야 한다. 하지만 두려움, 수치심, 죄책감을 유발하는 대화는 하지 말아야 한다. 부모가 아이를 통제하는 가장 쉬운 방법은 다음과 같은 방식의 비난과 비교, 협박 그리고 분노이다.

"너 지금 몇 살이야? 초등학생이 그래서 되겠어?"
"다른 친구들은 안 그래."
"엄마가 하지 말라고 했지!"
"그러면 나중에 큰일 난다."

그럼 어떻게 할 수 있을까? 이때 필요한 것이 자율성이다. 비난하거나 통제하지 않고 아이에게 방법을 알려 주는 것, 옳은 행동을 하도록 이끄는 방법이 자율성을 키우는 것이다.

마음독립을 위한
두 번째 : 자율성

어느 날 우리 반 학생 한 명이 이런 말을 했다.
"선생님, 저는 엄마가 네 마음대로 하라고 할 때가 제일 무서워요."
나는 고개를 갸우뚱거리며 물었다.
"엄마가 마음대로 하라고 하면 자유롭고 좋은 건데 왜 무섭니?"
아이는 사뭇 진지한 표정으로 말했다.
"엄마는 마음대로 하라고 말하지만, 진짜로 마음대로 하면 혼내거든요. 지난번에도 너무 힘들어서 학원 하루 쉬고 싶다고 말씀드렸는데, 마음대로 하라고 해서 학원에 안 갔더니 혼났어요."

아이의 대답을 듣는 순간 머리를 한 대 얻어맞은 것 같았다. 내 모습을 보는 것 같아서였다. 나 역시 아들에게 "우리 오늘 오전에 뭐할까? 하고 싶은 거 말해 봐."라고 말하고는 아들이 "유튜브 보고 싶어요." 하면 "그래도 할 일은 하고 놀아야 하지 않을까?"라고 답한다.

답이 이미 정해져 있는 거면 차라리 처음부터 알려 주면 될 것을, 마음대로 하라고 해 놓고는 의견을 말하면 혼내니, 아이로서는 굉장히 혼란스럽다.

부모도 항변할 말은 있다.

> "하고 싶은 대로 하라, 마음대로 하라고 한다고 해서 정말 그럴 줄은 몰랐죠. 제 아이를 믿어서 그렇게 말한 거였어요!"

이런 믿음은 진실로 자녀를 믿는 태도가 아니다.

아이를 혼란스럽게 만드는 이중구속 메시지

우리는 곧잘 '이중구속 메시지'를 사용한다. 이중구속이란 이래도 탈, 저래도 탈인 상황을 뜻하는 심리학 용어다. 2개의 상반되는 메시지를 전달하여 정서적 불안을 유발하고, 어떻게 해도 실패할 수밖에 없도록 덫을 놓는 것이다. '내 마음에 드는 쪽'으로, '내가 원하는 방향'으로 결과를 끌어 내기 위해 사용하는 것으로 결국 부모 자신이 좋고 편한 방향으로 통제하기 위해 사용한다. 부모가 계속해서 이중구속 메시지를 보내면 아이는 자신의 의견을 솔직하게 말하지 못하게 된다.

겉으로 전달하는 메시지와 속으로 생각하는 마음이 다르면 아이는 혼란스러울 수밖에 없다. 결국 내가 진정으로 원하는 것을 찾는 것이 아니라 어차피 정해진 부모의 답을 찾는 데 급급해 한다. 더 나아가 정해진 답을 찾기 위해 상대의 눈치를 보는 사람으로 성장하게 된다. 아이가 정말 마음대로 해도 되는 것에는 '자유'를 주고, 한계와 규칙이 필요한 일에는 한계선 있는 선택권인 '자율'을 둔다. 그리고 반드시 해야 하는 일에는 '권위'를 보여 준다.

"선생님, 수업시간에 화장실 가면 안 되는 건 알지만, 화장실 다녀와도 돼요?"

교실에서 아이들이 행동할 때 선생님의 허락을 구하는 것은 어쩌면 당연하다. 선생님은 학생의 안전을 책임져야 하는 사람이기 때문이다. 하지만 아이들이 허락을 구하는 범위가 과하다 싶게 넓을 때가 많다.

"선생님, 학습지는 학습지 파일에 집어 넣어요?"
"선생님, 운동장에 나갈 때 신발 갈아 신어요?"
"선생님, 더운데 창문 열어도 돼요?"

심지어 어떤 아이는 점심을 먹다가 와서 나에게 묻는다.

"선생님, 점심시간인데 화장실 갔다 와도 돼요?"

스스로 판단하고 행동할 수 있는 부분까지도 자꾸만 허락을 구한다. 왜 그럴까? 결국 아이의 자율성이 낮기 때문이다. 아이의 자율성은 부모의 어떤 행동 때문에 낮아지는 걸까?

"안 돼."

아이가 하면 안 되는
금지사항을 많이 만든다.

"네가 알아서 한다며.
이게 뭐니?"

아이가 해 놓은 게 마음에
안 들면 뭐라고 하면서
다시 엄마가 한다.

스스로 판단하는 힘, 자율

모든 아이들은 혼자 하고 싶어 한다. 물론 기질에 따라 다르다. 호기심이 많은 아이는 더 빨리, 불안감이 높은 아이는 천천히, 혼자 하고 싶어 한다. 하지만 모두 자율성을 갖고 있기에 속도만 다를 뿐, 혼자 하고 싶어 한다.

부모의 마음이 급하고 아이의 실수를 참지 못하면 아이가 어설프게 하는 것을 바라보는 것이 무척 힘겹다. 아이가 혼자 하기 어려운 부분이라면 부모가 해 줘도 문제가 될 것은 없다. 아이가 완전히 혼자 할 수 있는 부분이고 부모가 하라고 하는 것 역시 문제 될 게 없다. 문제가 되는 부분은 아이가 혼자 하려고 시도하는데 엉성해서 부모가 기다리기 힘들어 할 때다.

혼자 하고자 하는 아이의 욕구와 빨리해 주고 싶은 부모의 욕구는 자주 부딪힌다. 부모는 물리적 여유, 심리적인 여유가 없기에 아이의 욕구와 부모의 욕구는 어긋난다.

"시간 없어."
"너 또 이거 하다가 실수하려고?"
"나중에 더 커서 해."

이렇게 말하며 부모가 대신 해 주면 아이는 다음과 같이 생각한다.

'잘하지 못할 거면 하면 안 되는 거구나.'
'하고 싶어도 허락을 받지 않으면 하면 안 되는 거구나.'

아이가 혼자 하고 싶다고 우기고 나서 아이가 잘 못하면, 부모는 이렇게 말한다.

"그러니까 엄마 말 들으라고 했지! 알아서 한다면서 이렇게 해 놓니?"

이런 상황이 반복되면 아이는 혼자 하려고 시도했다가 잘 못했을 때 혼난다는 것을 경험으로 알게 된다. '결국 엄마한테 혼날 텐데…….' 이런 생각에 아이는 시도조차 하지 않게 된다. 자율의 반대말은 허락이다. 스스로 판단하는 것이 아니라, 허락을 구하고 시키면 하는 사람이 된다. 아이 스스로 판단할 힘을 길러 주는 것, 그것이 '자율'이다.

답정너가 되지 말자

아이보고 알아서 하라고 해 놓고, 부모가 원하는 대로 행동하기를 바라거나, 아이가 한 것이 못마땅해 다 뒤집어 부모가 새로 하거나, 매번 허락을 구하도록 만들면 어떻게 될까? 아이는 점점 더 스스로 판단해서 결정하는 것이 아니라 부모의 눈치를 보며 부모가 원하는 행동만을 하려고 한다. 그러다가 결국 사소한 판단조차 하지 못하고 만다.

아기가 비틀비틀 걷고 때로는 넘어져도 다시 일어나 자꾸 걸으며 걸음마 연습을 해야 씩씩하게 걸어갈 수 있다. 못 걷는다고 매번 안아서 데려가준다면 아기는 걸음마 연습을 할 수가 없다. 마찬가지로 부모가 마음속에 미리 답을 정해 두고 아이에게 물어 보면 아이는 대답하기가 불편해진다.

아이가 눈치를 보지 않고 판단하고 선택할 수 있는 환경을 만들어 준다. 물론 아이에게 한계를 정해 주고 한계 내에서 판단하게 해야 한다.

☐ 방법을 알려 준다.
☐ 규칙을 정한다.
☐ 한계 내에서 판단하게 한다.
☐ 아이의 의견을 물었다면 존중한다.
☐ 안 되는 것은 처음부터 안 된다고 한다.

부모의 역할은 아이가 알아서 판단하고 선택할 수 있도록 돕는 것이다. 그래서 아이가 자기 자신이 주체인 삶을 살아가도록 하는 것이다. 이 과정에서 아이는 선택하는 방법을 배우고 그 능력을 키운다. 괜찮은 선택을 하려면 많은 선택의 순간을 경험해 봐야 한다.

아이에게 방법을 알려 주고 스스로 생각해 보게 하자. 함께 규칙을 정하고 그것에 대해 상기시켜 주자.

"지금은 무엇을 해야 하는 시간일까?"

"어떻게 해야 할까?"

"우리가 정한 규칙은 뭐였지?"

7~9세면 함께 규칙을 만들고 이야기를 나누는 것이 충분히 가능하다. 규칙을 만들고, 지킬 수 있는 환경을 만들어야 한다.

규칙을 지키지 않을 때는 규칙을 상기시켜 준다. 예를 들어 '학교에 다녀와서 바로 오늘의 할 일을 한다.'라는 규칙을 함께 만들었다고 해 보자. 규칙을 만들 때는 규칙을 지키지 않았을 때 어떻게 책임질지를 상의해서 정한다. 절대 부모가 일방적으로 정해 주는 과정이 되어서는 안 된다. "~해야 해."라는 의무가 많은 문장보다는 스스로 판단할 수 있는 문장을 더 사용하게 하자.

규칙도 벌칙도 스스로 만들게 하자

부모는 학교를 마치고 돌아온 아이가 오늘의 할 일을 할 수 있도록 분위기를 조성하는 등 환경 설계를 도와줄 수 있다. 아이가 올바른 판단을 할 수 있도록 만들어 주는 것이다. 하지만 아이가 "엄마, 나 게임 조금만 해도 돼요?"라고 물었을 때, "안 돼."라고 하지는 말자. 그것은 '허락'에 대한 답이다. 아이가 자율적으로 판단하게 하자(자유롭게 판단하는 것이 아니라 자율적으로 판단하는 것이다). 즉 규칙 내에서 판단하도록 하는 것이다.

그럼에도 불구하고 게임을 하겠다고 선택한다면 규칙을 지키지 않았을 때 책임지겠다고 정한 대로 책임지게 한다. 아이와 규칙에 대해 말할 때는 일방적으로 시키는 말보다 아이가 규칙을 지킬 것이라는 믿음을 갖고 아이의 판단을 물어보는 방식으로 해 보자.

명령적인 말	자율을 유도하는 말	속뜻
"이제 숙제해야지."	"숙제 있다더니 지금 할 거야? 아니면 저녁 먹고 할 거야?"	'우리 아이는 숙제할 것이다.'는 이미 깔린 전제, 언제 할 것인지에 대해 스스로 결정하게 함.
"내일 수행평가인데 공부해야지."	"내일 수행평가가 있는 거 한 시간 후에 엄마가 도와줄까?"	'우리 아이는 수행평가를 준비할 것이다.'는 이미 깔린 전제, 엄마가 도와줄지 말지에 대해 스스로 결정하게 함.
"그만 놀고 학원 숙제해야지."	"학원 숙제는 언제 할 계획이니?"	'우리 아이는 학원 숙제를 할 것이다.'는 이미 깔린 전제, 언제 할지를 결정하게 함.

아이는 부모의 말이 비난하는 말인지, 진심으로 나를 생각하는 말인지를 안다. 부모가 진심을 다해 말하고 자신을 나쁜 아이로 몰아세우지 않고 믿고 있다는 점을 느끼면 아이 역시 방어적인 태도를 버린다. 부모의 닦달 때문이 아니라, 자신이 내린 선택이라고 생각할 수 있다.

3단계 제시법

아이가 옳지 않은 행동을 하면, 부모는 화가 나서 바로 명령한다.

"그만 게임하고 학원 숙제해!"

부모와 아이의 관계를 해치지 않으면서 동시에 자율성도 해치지 않기 위해서는 3단계 제시법을 활용해 보자. 자존감을 높이기 위해서는 아이를 온전히 수용하지만, 아이의 잘못을 방관하고 지도하지 않는다는 뜻은 아니다.

1단계 침묵하기

아이가 버릇없이 군다고 느껴지거나 부모의 기대대로 행동하지 않는다면 부모는 화가 날 수밖에 없다. 이때 바로 화를 내면 아이의 수치심이나 죄책감, 열등감을 자극할 수밖에 없다.

"네가 몇 학년이니?"
"엄마가 얼마나 힘들게 너를 공부 시키고 있는데 그러고 싶어?"
"도대체 몇 번을 말해야 하니?"

이런 말을 하지 않기 위해 침묵해야 한다. 부모 역시 불안하고 두려워서 이런 말을 하게 되는 것이다. 아이를 기분 나쁘게 해서 아이의 행동이 고쳐지는 것도 아니고, 생각이 바뀌는 것도 아니다. 부모가 시키는 대로 행동하게 하면 자율성에 도움이 되지도 않는다. 아이와 기싸움을 하거나 아이를 굴복시키려 하지 말고, 스스로 옳은 판단을 하도록 도와주자.

2단계 싸우지 말고 협력적으로 논의하기

"네가 최선을 다하고 싶어 하는 건 엄마(아빠)도 알아. 그러니 이 문제에 대해 함께 노력해 보자. 어떻게 하면 좋을까?"

"요즘 네가 스마트폰 사용량이 어떻다고 생각하니? 스마트폰을 평일에는 사용하지 않으려면 어떻게 하면 좋을까?"

"우리가 정한 규칙이 잘 지켜지지 않는 것 같아. 왜 그런 거 같아? 어떻게 하면 잘 지킬 수 있을 것 같아?"

이런 이야기는 통하지 않을 것이라고 생각하는가? 잔소리는 불신에서 나온다. 우리는 믿지 못하기 때문에 아이에게 판단 기회를 넘겨주기를 두려워한다. 교실에서 쓰는 마법의 문장이 있다.

"어떻게 하면 좋을까?"

선생님이 해결책을 내면 아이는 시키는 대로 하는 아이가 된다. 하지만 어떻게 하면 좋을지 묻고 아이가 해결책을 내도록 하면 아이는 자율적으로 문제를 해결하는 아이가 된다. 어른들은 아이들에게 주도권을 넘겨주기를 두려워한다. 해결책을 만들어 줘야 할 것만 같은 부담감, 좋은 말을 해 줘야 할 것 같은 부담감을 느낀다. 왠지 그래야 권위가 생길 것 같고 어른으로서 할 일을 한 것 같다. 아이에게 해결책을 물었다가 이상한 말을 할까 봐, 문제가 복잡해질까 봐 두려워한다.

"어떻게 하면 좋을까?"라고 물었을 때, 아이가 "몰라요."라고 대답한다면 선택권을 준다. 예를 들어 보자.

> 아이가 침대 헤드 위에서 엎드려 누워 있는 나를 향해 뛰어내리는 장난을 계속 쳤다.
> "아! 아파."
> 아프다는 말에도 아이는 뭐가 웃긴 것인지 계속 뛰어내렸다.
> "후니야. 엄마 너무 아파. 후니는 지금 뛰어내리고 싶고, 엄마는 너무 아파서 안 뛰어내렸으면 좋겠어. 서로 원하는 게 달라. 어떻게 하면 좋을까?"
> "모르겠어."
> (진짜 몰라서일 수도 있고, 엄마에게 장난치는 일을 멈추고 싶지 않아서 일부러 모른다고 한 것일 수도 있다.)
> "그럼 엄마가 말할 테니까 골라 봐. 1번. 계속 뛰어내리고 엄마는 아파서 결국 병원에 간다. 2번. 침대에서 더 이상 뛰어내리지

않고 그냥 다른 것을 하고 논다. 3번. 침대에서 뛰어내리고 싶으니까 엄마 대신 큰 베개 위에 뛰어내린다. 뭐가 좋을까?"

아이는 잠시 생각하더니 3번이라고 말하고는 엄마 대신 큰 베개 위로 뛰어내리는 놀이를 계속했다.

3단계 긍정적인 부분에 초점 맞추기
부모들은 자녀의 부정적인 행동은 잘 비난하면서 잘하는 행동은 당연하다고 여길 때가 많다. 규칙에 맞게 행동하는 모습을 보면 꼭 칭찬해 주자.

> 아이가 원하지 않는 행동을 한다.
> ⇒ 아이의 감정을 받아 준다. 그게 되지 않으면 차라리 침묵한다.
> ⇒ 어떻게 해결할 수 있을지 대화하고 아이에게 선택하게 한다.
> ⇒ 아이가 옳은 행동을 할 때 긍정적인 피드백을 준다.
> ⇒ 원하지 않는 행동을 할 때 감정을 정리하고 눈을 바라보고 단호하게 함께 정한 행동을 말한다.

자율은 아이 스스로 인생의 주인공이 되게 한다

아이에게 자율을 보장해 준다는 의미를 정리해 보면 다음과 같다.

	자율성을 해치는 부모	자율성을 길러 주는 부모
아이가 혼자 하고 싶어 할 때	· 부모는 아이를 기다리기 힘들어 한다. · 직접 해 준다.	· 기다려 주고 해 보게 한다. · 방법을 알려 주고 할 수 있게 도와준다.
아이가 시도한 결과가 부모 마음에 들지 않을 때	· 결과에 대해 비난한다. · 결과를 뒤집는다.	· 시도를 지지해 주고 과정을 칭찬한다. · 결과가 마음에 들지 않아도 뒤집지 않는다.
옳은 행동을 하도록 할 때	· 금지사항을 많이 만들어 허락을 구하게 한다. · 명령과 지시로 대화한다.	· 규칙을 만들어 규칙 안에서 생각하게 한다. · 해결책을 함께 논의하고 선택에 대한 책임을 지게 한다.

자꾸 선택하고 문제를 해결하는 연습을 하면 아이는 자신의 규칙 안에서 자신감을 가지고 무엇을 하고 싶은지 스스로 찾을 수 있다. 기다려 준다면 아이들은 충분히 자신의 처지에 맞게 생각하고 움직일 수 있다.

가장 큰 문제는 부모가 아이를 믿지 못하는 것이다. 일방적인 지시와 지나친 간섭은 자기조절 능력에도, 책임감에도, 자율성에도 도움이 되지 않는다. 적절한 한계 내에서 스스로 결정 내릴 수 있는 안전한 환경을 만들어 주면 아이는 스스로 주인의식을 가질 수 있다. 안전한 환경이란 내가 선택해도 혼나지 않는 환경이어야 한다.

  같은 일이라도 자기가 선택했다는 느낌이 들어야 인간은 흥미를 느낀다. 강요된 것, 꼭 해야 하는 것이라는 압박을 느끼는 순간 흥미가 사라진다. 시키는 것을 하는 것이 아니라 나에게 도움 되는 것을 내가 스스로 결정하고 선택한다고 느낄 때, 자신이 인생의 주인공이라고 느낄 수 있다.

마음독립을 위한 세 번째 : 정서조절력

우리는 종종 아이의 행동이 어른에 대한 권위에 도전하는 것으로 잘못 해석하고 정서조절 방법을 알려 줘야 하는 기회를 놓치고 만다.

> 철수의 기분이 좋지 않아 보인다.
> "철수야, 무슨 일 있니?"
> "오늘 아침에 형이 늦게 준비하는 바람에 엄마한테 혼나고 학교에도 늦었어요."

우리는 매일 부정적인 감정을 수없이 만난다. 그리고 그 감정이 제대로 해소되지 않으면 마음에 찌꺼기처럼 남는다.

"엄마 아빠가 너 공부하라고 얼마나 힘들게 고생하는데."

이런 말조차 해소되지 못한 감정 경험을 만들어 낸다. 공부가 잘 안 되면 무엇이 고민이고 어려운지를 들어 보고 도와주어야 한다. 해소되지 못한 감정 경험을 가능한 한 해소할 수 있게 도와주어야 한다.

어른도 감정처리가 쉽지 않은데, 어른보다 감정처리가 더 미숙한 아이들은 자신의 감정을 어떻게 조절해야 하는지 잘 모른다. 그래서 아이는 힘들고 스트레스를 받으면 떼를 쓰거나 물건을 던지거나 소리를 지른다. 답답하고 힘들어, 집중이 되지 않고 기억능력이 떨어져 학습효과도 떨어지고 만다.

정서조절을 못 하면 성적도 떨어진다

흥미로운 실험을 들여다보자. 초등학교 4학년 교실, 수학 평균이 동일한 2개의 그룹이 있다. 10분 동안 아이들에게 각기 다른 경험을 시킨 뒤 시험을 치렀다. 그 결과 A집단은 평균 73.5점, B집단은 평균 78.6점으로, 평균점수가 무려 5점이나 차이가 났다. 아이들의 시험 결과는 왜 이렇게 다르게 나타난 것일까?

시험 전 A집단에게는 최근 일주일 동안 기분이 나빴거나 짜증이

나고 화났던 일 5가지를 써 보게 했고, B집단에게는 기분이 좋았거나 신나고 행복했던 일 5가지를 쓰게 했다. 이 활동을 하는 동안 A집단의 아이들은 기분이 나빠졌을 것이고, 반대로 B집단의 아이들은 기분이 좋아졌을 것이다. 그 기분 상태로 시험을 치르게 했더니, 고작 10분의 경험이 평균 5점이라는 점수 차이를 가져왔다. 만약 이런 경험이 누적된다면 어떻게 될까? 그것이 얼마나 큰 차이를 가져올지는 누구나 쉽게 예측할 수 있을 것이다. 이 실험은 EBS 다큐프라임 〈공부 못하는 아이〉 프로그램에서 직접 했던 실험이다.

실제 교실에서도 이런 상황은 쉽게 볼 수 있다. 반에서 수업 분위기를 주도하며 공부를 잘하는 아이들은 이상하게 친구들과의 관계도 좋고, 성격도 밝고, 매사 의욕적이다. 반면에, 매사에 무기력하고 공부에 별 관심 없는 아이들은 우울하고 어두운 경우가 많다. 공부 잘하는 아이들을 살펴보면 부모와 관계가 좋고 안정적이라는 사실을 어렵지 않게 발견할 수 있다. 즉 평소에 가정에서 충분한 안정감과 유대감을 받는 아이가 공부를 잘한다는 뜻이다. 이처럼 정서와 성적은 비례한다.

정서조절은 가장 높은 수준의 상위 차원이다. 정서는 이성을 방해하는 비합리적이고 부정적인 것이 아니라, 어떻게 다루고 조절하느냐에 따라서 자신의 욕구와 목표를 달성하게 한다. 그러니 정서조절은 꼭 연습하고 배워야 하는 부분이다.

굴복시키지 말고 감정해소를 도와라

아이가 부정적인 감정을 표현하면 그 감정이 전달되어 부모도 기분이 나빠진다. 그 감정을 조절해야 하는데 부모 역시 감정을 다루기는 쉽지 않다. 그러다 보니 아이가 부정적인 감정을 전달하지 않게 차단하는 방법을 선택한다.

"기분 좋게 말하라고 했지?"
"엄마한테 그렇게 말하지 말라고 했지?"
"자꾸 짜증 내면 안 된다고 했지?"

아이의 부정적인 감정도 적극적으로 들어 주어야 한다. 누군가에게 내 이야기를 했을 때, 상대가 훈계하거나 논리적으로 판단하거나 추궁하면 기분은 더 나빠진다. 그런데 아이가 부정적인 감정을 이야기하면 우리는 대부분 그렇게 반응한다.

아이 : 학교에 가기 싫어!
아빠 : 학교에 안 가면 나중에 커서 뭐 먹고살라 그래?

그만 짜증 내라고 소리를 지르거나 너무 심할 때면 때리기도 한다. 그러면 아이가 짜증을 멈춘다. 하지만 이 순간의 멈춤은 두려움 때문에 멈춘 것이지 근본적인 욕구가 해소되어서 멈춘 것은 아니다. '욕구를 표출하면 억압해야 한다.'를 배우는 순간이다. 아이는 겉으로 순응하는 것 같지만 속으로는 여전히 부글부글 끓어오르고 있다. 부모의 억누름이 심해지면 심하게는 복수심이 생기기도 한다.

아이가 울거나 부정적인 감정을 표현할 때 부모가 자주 하는 말이 또 있다. "괜찮아, 괜찮아." 물론 부모는 위로하려고 하는 말이고, 괜찮기를 바라는 표현이다. 하지만 아이는 괜찮지 않고, 아프고, 슬픈데, 괜찮기를 강요받는 느낌이 든다. 그것은 공감받지 못하는 것이다.

부정적인 감정을 제거하기 위해서는 표현해야 한다. 표현되거나 받아들여지면 부정적인 감정은 힘을 잃는다. 격한 감정을 표출할 때는 심장 박동이 빨라지고 소화기관에 집중되었던 혈액이 근육으로 이동해 아드레날린이 나오고 호흡이 가빠진다. 이와 같은 상황에서는 주위에서 아무리 진정하라고 해도 소용이 없다. 아이가 분노를 말로 표현할 수 있도록 적극적으로 경청하고 수용해 주어야 한다. 안전한 배출구를 마련해 주어야 하는 것이다.

아이 마음에 일어난 불을 먼저 꺼 줘라

☐ 첫 번째 상황

"선생님! 서윤이가 친구한테 쓰레기래요!"

"서윤아, 너 왜 친구한테 쓰레기라고 했어?"

"아니, 철수가 저랑 포켓몬 카드 거래하기로 했는데, 영수랑 해 버렸잖아요!"

☐ 두 번째 상황

"이제 유튜브 그만 봐! 꺼! 오늘 할 일을 해야지."

"싫어! 아이 씨, 짜증 나!"

방문을 확 닫고 들어가 버렸다.

지금 이 두 상황에서 아이들은 무엇을 배워야 할까?

친구한테 쓰레기라는 욕설을 하면 안 된다는 것이나 부모에게 짜증 내는 말투를 하면 안 된다는 예의를 배워야 하는 상황일까?

나는 첫 번째 학생에게는 이렇게 말했다.

"서윤아, 철수가 너랑 포켓몬 카드 거래하기로 했는데 영수랑 해서 엄청 속상했겠다. 속상한 마음 선생님도 너무 이해되네."

이렇게 먼저 공감해 주면 아이의 마음이 가라앉는다. 화가 난 아이의 마음에 대고 "그만 화내!"라고 하는 것은 불난 집에 부채질하는 격이다. 아이 마음에 일어난 불을 끈 후에도 우리는 충분히 제대로 된 길을 알려 줄 수 있다. '공감'은 소화기다. 공감으로 아이의 부정적인 감정을 진정시킨 후에 말해 주면 된다.

□ 첫 번째 상황
"철수한테 속상한 마음을 표현하고 싶었던 것 같은데 다른 방법으로 표현할 수도 있지 않았을까? '철수야, 네가 포켓몬 카드 다른 친구랑 거래해서 속상해.' 이렇게 말할 수 있겠지? 그럼 철수 오라고 할 테니까 그렇게 다시 네 감정을 표현해 보자."

□ 두 번째 상황
"속상한 마음을 엄마한테 그렇게 표현하니까 엄마도 속상했어. '엄마, 유튜브 더 보고 싶은데 그만 보라고 해서 속상했어요. 저 이것만 보고 끌게요.' 이렇게 말해 주면 좋겠어."

많은 분이 내가 선생님이기 때문에 혹은 내 아이가 아닌 학생이기 때문에 이렇게 말할 수 있는 거라고 말한다. 하지만 나 역시 아이들에게 이렇게 말하고 지도할 수 있게 된 지는 얼마 되지 않았다. 즉 이론적으로 알아야 하고, 내 감정을 돌아볼 수 있어야 하고, 꾸준히 연습해야 가능하다. 그래야 내 아이에게도 할 수 있게 된다. 물론 아직도 같이 화가 날 때가 많다. 정서적으로 여유가 없고 아이의 부정적인 감정에 같이 소용돌이치면서 아이와 싸우듯이 같이 화내고 짜증 낼 때도 있다. 대신 금방 제정신으로 돌아온다. '이러면 안 돼, 이러면 안 돼. 나는 어른이고, 미성숙한 아이에게 정서조절을 알려 줘야 해.' 이렇게 다시 나 스스로에게 다짐하면서 말이다.

누구나 짜증낼 수 있다

감정 기복이 심한 편인 아들은 기분이 좋을 때는 길거리에서도 춤을 추고 흥에 겨워 어쩔 줄 몰라 하지만, 짜증이 나거나 자기 마음대로 안 될 때는 소리를 지르고, 물건을 던지고, 엄마를 때리는 것도 모자라서 자기 얼굴이나 머리를 뜯는 자해를 했다. 그래서 부정적인 감정을 스스로 다룰 수 있게 하기 위해 더 노력했다. 모든 짜증을 다 받아 주겠다고 마음먹었다. 부정적인 감정을 부모인 내가 받아 줘야지 다른 누가 받아 주겠나 싶었다.

　아이가 분노를 표출했을 때 부모가 수치스럽게 여기거나 부인한다면 아이는 성인이 되어도 자신의 분노를 제대로 다룰 수 없다. 하지만 부모가 아이의 감정표현을 모두 들어 주면 아이는 분노나 죄책감을 느끼지 않는다. 어떤 감정만 옳다고 생각하지도 않는다. 부모의 감정을 고려하기보다 자신의 감정에 충실할 수 있다.

자신의 감정에 열려 있을수록 타인의 감정을 더 잘 알 수 있다. 자기 감정을 모른다면 다른 사람의 감정은 더 모른다. 자신의 감정을 명료하게 이해하고 표현해 해소하면, 힘들고 답답하고 모호했던 정서 경험 덩어리가 사라져 안정감을 찾게 된다. 감정과 마음에 낭비하던 에너지가 줄면 공부할 때 집중이 잘 되고 성적이 오르게 된다.

부모님이 부정적인 감정을 공감해 주고, 해소하도록 도와준다면 아이는 엄마, 아빠가 내 편이라는 생각을 한다. 어떤 일이던 부모님과 상의하는 것을 주저하지 않게 된다. 부모님이 허투루 잔소리하지 않는다는 생각도 하게 된다. 서로 신뢰가 쌓이고 관계가 좋아야 부모와 아이는 대화라는 것을 할 수 있다.

정서조절의 시작은 표현이다. 이제 아들은 처리하지 못한 감정으로 자신을 괴롭히지 않는다. 자기가 느끼는 마음의 색깔을 말하고, 마음을 언어로 설명한다. 짜증의 정도는 당연히 굉장히 줄었다. "엄마, 나 ○○해서 속상해. 마음이 불편해. 내 마음은 검정색이야."라고 마음을 표현한다. 기분이 좋을 때도 "내 마음에 무지개가 2개 떴어."라고 말한다. 내가 한 것이라곤 딱 3단계를 반복한 것밖에 없다.

정서조절 능력을 길러 주는 마법의 3단계

아이와 싸우고 싶은 미성숙한 마음과 분노로 맞서고 싶은 마음이 속에서 고개를 들 때는 억누르고 잠시 침묵한다. 그렇게 마음을 진정하고 3단계를 거친다.

1단계 수용하고 기다려 주기
아이의 감정이 휘몰아쳤을 때는 인내심을 발휘한다. 그리고 이렇게 말한다.

> "지금 많이 짜증 난 것 같으니 우리 ○○이 화가 좀 가라앉으면 같이 이야기하자."

간혹 감정이 격해졌을 때는 감정을 마음껏 표현하게 도와준다. 베개를 내려치거나 노래를 부르거나 친구에게 하소연하거나 소리 내어 울면 정서적 에너지가 밖으로 배출되어 평온한 상태로 돌아온다. 아들이 엄마인 나를 때리려고 해서 막았더니 자기 몸을 때렸다. 무작정 막으면 감정의 분출을 막는 것이다. 베개와 인형을 주고, 마음껏 때릴 수 있게 하거나 종이를 주면서 찢으라고 했다. 울면서 마음껏 찢고 나면 격해진 감정이 가라앉았다.

아이가 격렬한 감정을 표출하려면 적절한 시간, 적절한 장소, 들어 주는 사람 등 3박자가 맞아야 한다. 이런 3박자가 맞는 가장 적절한 곳이 바로 가정이다. 아이가 안전한 상태에서 감정을 표출할 수 있도록 도와주자.

2단계 감정 공감하고 명명하기

"우리 ○○가 엄마한테 매우 서운했구나."

"많이 불안하구나."

화난 마음에 공감하며 자신이 느낌 감정을 명명해 주면 아이의 분노와 불안은 조금 가라앉는다. 감정을 명명해 주는 것은 감정에 대한 통제감을 부여해 주는 것이다.

3단계 표현방법 가르치기

부정적인 감정을 표출하게 하고, 공감해 주어 감정의 찌꺼기가 남아 있지 않도록 했다면 이제는 가르쳐야 할 것을 가르칠 때다. 이제 감정 표현하는 방법을 알려 줘야 한다.

"우리 아들, 나중에 화가 났을 때는 엄마, '나 속상해요. 오늘은 피곤해서 공부를 조금만 했으면 좋겠어요.'라고 말로 표현해 주었으면 좋겠어."

화가 났을 때 표현할 수 있는 방법을 말해 줘야 한다. 물론 말로만 하는 것은 소용이 없다. 아이는 부모의 뒷모습을 보고 자란다. 그러니 부모의 행동과 말은 일치해야 한다. 부모가 먼저 바르게 표현하는 방법을 활용해야 한다. 우리 역시 자라면서 제대로 표현하는 방법을 배우지 못했다. 정서조절은 부모와 아이가 함께 배워 가고 성숙시켜 나가야 한다. 다만 어른은 아이보다 더 인내심을 발휘하고 빠르게 배울 수 있다.

감정을 조절하려면 다양한 레퍼토리가 있어야 한다. 그중에서 아이가 필요에 따라 선택할 수 있어야 하기 때문이다. 감정 조절의 다양한 방법을 알아보자.

- **중요성을 낮추어라**

  "그럴 수 있어."

  다른 사람도 모두 겪는 일이라고 느끼면, 불쾌한 감정은 완화된다.

- **인지적으로 회피하라**

  "생각하지 않는 방법도 있어."

  불쾌한 감정을 유발한 자극이나 생각을 떠올리지 않는다면 그로 인한 부정적인 감정을 덜 느낄 수 있다. 회피하라는 것이 아니다. 잠시 진정하고 나중에 다시 생각하면 더 좋은 방법이 떠오른다.

- **다른 데로 주의를 돌려라**

    불쾌한 감정을 유발한 생각을 하지 않기 위해 다른 데로 주의를 돌린다. 청소하거나 달리기하거나 잠을 자거나 TV를 볼 수도 있다.

- **즐거운 일을 생각하라**

    "먹고 싶은 음식을 생각하거나 내가 좋아하는 게임을 생각하거나 방학 때 여행 가기로 한 것을 생각해 볼 수도 있어."
    즐거운 일을 생각하는 방법을 알려 준다.

- **위안이 되는 말을 되뇌어라**

    "괜찮을 거야."
    "다 지나갈 거야."
    "잘할 거야."
    "아무 일도 일어나지 않을 거야."
    힘든 일이 생겼을 때, 나에게 용기를 주는 말을 생각해 놨다가 쓸 수 있도록 도와준다.

부모가 조금 더 성숙하게 감정을 해소하는 방법을 알려 주어야 한다. 10번 화가 났다면 그중 2번만이라도 이 단계를 실천해 보자.

꾹 참기　⇒　공감하기　⇒　방법 알려 주기

처음부터 쉽지는 않다. 엄청난 인내가 필요할 정도로 힘들다. 그런데 하다 보면 익숙해진다.

꾸준히 반복하다 보면 아이들도 감정을 조절하는 힘을 갖게 된다. 자기감정을 다양한 감정언어로 잘 표현할 수 있게 되기도 한다. 아이도 자기 마음을 훨씬 잘 표현하고 부정적인 감정이 솟아 나올 때마다 그 감정을 조절할 수 있을 것이다.

감정 받아 주기에서 궁금한 것들

부모가 아이의 말에 공감하며 경청할 수 없는 상황이 있다. 급한 일이 있거나 피곤하거나 할 때는 솔직하게 말해 주는 것이 좋다.

> "엄마도 지금 들어 주고 싶은데 지금 속상한 상태야. 엄마도 조금 진정하고 들어 줄게."

이렇게 말하면 아이들은 기다려 준다. "애들은 몰라도 돼."라고 말하면서 부모가 왜 기분 나쁜지를 설명해 주지 않으면 아이는 혹시 나 때문에 엄마, 아빠가 기분이 나쁜 건 아닌지 두려워하고 눈치를 본다. 기분이 좋지 않은 일이 생겼을 때는 너 때문이 아니라는 사실을 알려 준다.

감정을 받아 주라고 하면 많은 부모는 걱정부터 앞선다. 그러다 응석받이가 되고 남한테 피해를 주는 아이가 된다고 걱정한다. 부정적인 감정을 받아 준다고 해서 가르칠 것을 가르치지 말라는 것이 절대 아니다. 감정을 받아 주되 행동을 제한하는 것이다. 물론 부정적인 감정을 표출하는 것도 자신이나 타인에게 피해를 주거나 가치 있는 재산을 손상하지 않는 선에서 표출해야 한다. 그래서 부정적인 감정을 표출할 수 있는 안전 공간일 때 표출할 수 있게 해 주라고 했다.

감정을 모두 받아 준 후 가르쳐야 한다. 우리는 보통 아이의 잘못된 행동에 화를 내며 굴복시키며 가르치고 나서야 주눅 든 아이의 감정을 받아 주는 척한다. "우리 아들 잘 크라고 엄마가 그렇게 한 거야." 순서를 바꾸라는 것이다. 가르칠 것을 가르치고 감정을 받아 주는 것이 아니라, 감정을 받아 주고 나서 가르칠 것을 가르치자.

감정을 받아 주기 ⇒ 행동을 가르치기

감정을 받아 주는 것과 행동을 단호하게 알려 주는 것은 다르다.
자신의 부정적인 감정을 잘 표현하고 해소할 수 있도록 만들어 줘서 정서조절력을 기를 수 있게 해 주자.

마음독립을 위한
네 번째 : 긍정성

교실에서 뭔가 새로운 활동을 준비할 때 아이들은 보통 두 가지 반응을 보인다.

	부정적인 아이	긍정적인 아이
"오늘은 선생님이 놀이 글쓰기를 준비했어요."	"아이-씨, 하기 싫어."	"우아, 재미있겠다."
"오늘은 색종이로 접고 붙여 볼게요."	"아이-씨, 귀찮아."	"정말 예쁘겠다."

단순히 글쓰기를 싫어하거나 종이접기를 싫어 해서 나오는 반응

이지 아닐까 생각했다. 놀랍게도 아니다. 긍정적인 반응을 보이는 학생은 무엇을 하던 반응이 긍정적이다. 부정적인 반응을 보이는 학생은 무엇을 하던 부정적이다.

뭘 해 보기도 전에 '어차피', '망했다'라는 말을 자주 사용하는 아이들이 있다. 이런 아이들은 조금 하다가 안 되면 포기한다. 부정적인 아이들은 친구와의 갈등 때문에 상담을 하며 "영호야, 친구한테 조금 더 친절하게 말해 보는 것은 어떨까?" 하고 제안하면 "그래 봤자 똑같아요. 걔네들은 항상 그래요."라고 말한다. '그래 봤자', '항상'이라는 말도 자주 사용한다.

이에 반해 긍정적인 정서를 가지고 있는 학생은 미래에 대한 긍정적 기대를 가지고, 현실의 상황을 긍정적으로 인식하고 해석하며, 다양한 문제상황에 효율적으로 대처하여 이를 극복할 수 있다는 믿음이 있다. 그런 믿음이 있으니 당연히 긍정적인 마음이 들 것이다.

한 반에서 긍정적인 학생의 비율이 얼마나 되느냐에 따라 반 분위기는 달라진다. 긍정적인 학생들이 많으면 뭐든 시도하려 하고, 열심히 하려고 해서 나도 수업 준비를 더 열심히 하고 싶어진다.

긍정은 행복하고
도전적인 인생을 살게 한다

마틴 셀리그만(Martin Seligman)은 30여 년 동안 비관주의에 대해 연구한 결과, 비관적인 사람들이 낙관적인 사람들보다 세 가지 측면에서 더 위험하다는 결론을 내렸다.

> 첫째, 비관적인 사람은 훨씬 자주 우울해 한다.
> 둘째, 학교와 직장, 스포츠 활동에서 실제 자신이 가진 능력에 비해 낮은 성과를 낸다.
> 셋째, 낙관적인 사람들보다 신체적인 건강 상태가 좋지 못하다.

마틴 셀리그만이 말하는 가장 심각한 문제는 어릴 때부터 비관주의를 갖게 되면 평생 시련이나 상실, 실패를 무기력하게 대하게 된다는 점이다.

아이들이 가지는 긍정성과 부정성이 미래의 삶에 어떤 영향을 끼치는가를 알 수 있는 연구결과가 있다. 헬싱키 대학의 심리학자 토미 에로넨(Tommi Eronen) 교수는 대학생에게 만화 한 컷을 보여 주었다. 캐롤이라는 이름의 한 평범한 여성이 TV를 시청하는 모습이 담긴 평범한 만화였다. 만화에는 '캐롤은 숙제해야 한다는 걸 기억해요.'라는 설명이 쓰여 있었다. 그런 다음 잠시 후 캐롤이 숙제해서 교수에게 제출하는 모습이 담긴 다른 만화 한 컷을 또 보여 주었다. 교수로부터 숙제에 대한 평가도 받았다고 덧붙여 말해 주었다. 그러고 나서 교수가 학생에게 물었다.

"여러분은 캐롤이 어떤 사람이라고 생각하나요?"

어떤 학생은 캐롤이 숙제하기 위해 즐겨보던 TV를 끌 줄 아는 부지런하고 똑똑한 여성일 거라고 대답했다. 아마 어려운 숙제도 꽤 잘해 낼 것이라고 긍정적으로 평가했다. 하지만 부정적으로 평가하는 학생도 있었다. 그들은 캐롤이 TV만 보는 게으른 여성이며, 숙제도 쉬운 것만 골라 할 것이라고 부정적으로 응답했다. 아무 감정도 담겨 있지 않은 지극히 중립적인 만화 두 컷을 보고, 어떤 학생은 긍정적인 감정을, 또 어떤 학생은 부정적인 감정을 만들어 낸 것이다.

에로넨 교수는 5년 후 실험에 참가했던 학생을 추적해 보았다. 그런데 캐롤을 부정적으로 평가했던 학생은 대학을 졸업한 뒤 상당수가 불행한 삶을 살고 있었다. 취직을 못했거나 직장 일이 제대로 풀리지 않아 고민하는 사람들도 있었다. 돈벌이도, 이성관계도 시원치 않았다. 캐롤을 긍정적으로 평가했던 사람들은 어땠을까? 놀랍게도 대다수가 행복한 삶을 만끽하고 있었다. 바라보는 시각대로 인생이 펼쳐지는 것은 명백한 진실이었다. 낙관주의는 같은 조건에서도 생각하는 방식을 다르게 하여 행복한 인생을 살도록 한다.

그렇다면 긍정성은 타고나는 것일까? 마틴 셀리그먼은 개의 뒷다리에 전기충격을 가하는 실험을 했다. 한 마리는 전기충격을 가하는 시간을 통제할 수 있게 했고, 한 마리는 통제할 수 없게 했다. 통제할 수 있었던 개는 다음 날, 전기충격이 가해졌을 때 옆 칸으로 피했지만, 통제할 수 없었던 개는 피하지 않았다. 무력해진 것이었다. 셀리그먼은 이를 '학습된 무기력'이라고 이름 붙였다. 그리고 무기력이 학습된다면 무기력을 극복하는 것도 학습이 가능할 것으로 생각했다. 그래서 다시 이런 실험을 한다.

개를 셔틀박스에 집어넣고 전기충격을 피하는 것부터 학습시켰다. 그리고 통제 불가능한 전기충격을 주었다. 그다음 다시 셔틀박스에 넣었는데 놀랍게도 이 개들은 한 번도 전기충격을 받아 본 적이 없는 개처럼 전기충격을 피하려고 했다.

앞선 실험에서 통제 불가능한 전기충격을 주었을 때는 피하지도 않고 무기력한 모습을 보였다. 하지만 전기충격을 피하는 것을 학습한 후에는 통제 불가능한 전기충격을 가했을 때 피하려고 노력했다. 하면 된다는 '긍정성'을 학습한 것이다. 즉 긍정성은 학습할 수 있다는 말이다. 그렇다면 아이들에게 어떻게 긍정성을 갖게 할 수 있을까?

부모가 아이에게 물려주는 설명양식

부정적인 부모는 아이에게 습관적으로 부정적인 말을 하며 부정적이고 비관적인 사고방식을 그대로 물려준다. 교실에서 아이들이 하는 말투를 보면 집에서 부모가 사용하는 말투가 그대로 보인다. 말투가 별거 아닌 것처럼 보이지만 내가 생각하는 방식을 보여 주는 가장 확실한 통로다. 그래서 말투를 바꾸면 생각도 바뀐다.

사람들이 행복하다는 말을 반복해서 되뇌인다고 해서 무조건 낙관적이 되는 것은 아니다. 역경에 부딪히거나 실패 상황에 처했을 때, 현실을 긍정적인 관점으로 바라보려고 노력하고, 부정적인 사고 습관을 점검함으로써 긍정적 사고와 자세를 배워 가는 것이다.

현재 어떤 설명양식을 갖고 살고 있는지가 미래의 긍정성으로 연결된다.

설명양식은 특별히 좋은 일이나 나쁜 사건이 발생했을 때 이를 설명하는 방식을 말한다. 셀리그먼은 이런 설명양식은 어린 시절에 개발되어 평생 지속된다고 보았다

"이번에는 운이 좀 나빴어. 나중에는 곧 좋아질 거야."
"내가 그렇지, 뭐. 지난번은 그냥 운이 좋아 일어났던 거지, 뭐."

둘의 차이를 느끼겠는가? 자신에게 벌어진 일을 지속적으로 여기는지, 아닌지의 차이다. 긍정적인 사람은 자기에게 생긴 나쁜 일은 '가끔', '일시적으로' 일어난 일이라고 생각하고 좋은 일은 '항상' 지속해서 일어난다고 생각한다. 반면 비관적인 사람은 나쁜 일이 '항상' 지속해서 일어난다고 생각하고, 좋은 일은 '가끔' 일어난다고 생각한다.

긍정적인 사람들은 나쁜 일이 일어난 것이 특별한 것으로 생각하지만, 비관적인 사람들은 좋은 일이 일어난 것이 특별한 것으로 생각한다.

"역시 내가 하는 일은 안 돼. 내가 문제이지, 뭐."
"이번에는 상황이 나한테 좀 불리하게 돌아갔어."

긍정적인 사람들은 좋은 일이 생기면 나의 노력, 능력과 같은 내부적인 요인 때문이라고 생각하고, 나쁜 일이 생기면 다른 사람이나 환경 같은 외부적인 때문이라고 생각한다. 반면 비관적인 사람들은 좋은 일은 외부의 요인 때문이고, 나쁜 일은 내부적인 것으로 생각한다. 자신에게 나쁜 일이 생겼을 때 긍정적인 사람들은 자신이 통제할 수 없는 것으로 생각하고, 일시적이며 이번에만 특정적으로 그랬다고 생각한다. 비관적인 사람들은 나 때문이라고 생각하며 자존감에 상처를 입는다.

긍정적인 부모 밑에서는 긍정적인 아이로, 부정적인 부모 밑에서는 비관적인 아이로 자랄 가능성이 크다. 부모는 아이가 긍정성을 기를 수 있도록 먼저 자신의 사고방식부터 바꿀 필요가 있다. 대개 비관적인 사람들은 나쁜 일의 원인이 영구적이라고 믿는다. 그래서 원인이 영원히 사라지지 않기 때문에 나쁜 일도 계속해서 이어진다고 생각한다. 반대로 긍정적이고 어려움을 잘 극복하는 사람들은 나쁜 일의 원인을 일시적이라고 믿는다. 다음은 일이 닥쳤을 때 아이가 자신의 일을 설명하는 방식의 예이다.

영구적(비관적)	일시적(긍정적)
새로 전학 간 학교에는 나랑 친구가 되고 싶은 아이가 한 명도 없을 거야.	새로 전학 간 학교에서 친한 친구를 사귀려면 원래 시간이 좀 걸려.
우리 엄마는 세상에서 제일 까칠한 분이야.	우리 엄마는 지금 세상에서 제일 기분이 안 좋은 상태야.
유민이는 날 싫어해. 항상 그래. 다시는 나랑 놀려고 하지 않을걸.	오늘 유민이가 나한테 화가 났어. 그래서 오늘은 나랑 놀려고 하지 않을 거야.

만약 아이가 자신이 겪은 실패나 따돌림을 말하며 '늘', '절대'라는 말을 쓴다면 비관적인 사고를 갖게 될 가능성이 크다. 또 실패의 원인을 포괄적으로 보느냐 부분적으로 보느냐에 따라서도 다르다.

포괄적(비관적)	부분적(긍정적)
선생님들은 다 공평하지 못해.	이지훈 선생님은 가끔 공평하지 않을 때가 있어.
나는 운동을 못해.	농구는 정말 자신이 없어.
아무도 날 좋아하지 않아.	민정이와 나는 맞지 않는 부분이 있어.

실패의 원인을 포괄적으로 해석하는 아이는 조금만 문제가 생겨도 모든 것을 포기한다. 하지만 부분적으로 생각하는 아이는 그 일에서는 자신이 없을지라도 다른 일은 다시 씩씩하게 잘 헤쳐 나간다. 아이들은 부모와 선생님으로부터 설명양식을 배운다. 그렇기 때문에 아이를 교육할 때는 영구적이고 포괄적인 설명양식으로 말하지 않고 일시적이고 부분적인 설명 양식으로 말해야 한다.

아들의 장난이 심할 때면 나는, "후니야, 오늘 왜 그러니?"라고 말한다. 이 안에는 평소에는 그렇지 않지만, 오늘은 그런다는 믿음이 담겨 있다. 물론 오늘만 장난치는 게 아니라 장난은 매일 치지만 꼭 그렇게 말을 한다. 할 일을 하지 않은 아이에게 "넌 왜 그렇게 항상 게으르니?"라고 혼내는 대신 "오늘은 열심히 하지 않았구나."라고 말하는 것이다. 정말 신기하게도 아이는 어느 날 나에게 이렇게 말했다. "엄마, 오늘 왜 그래?" 깜짝 놀랐다. 그날 나는 피곤해서 아들에게 나도 모르게 짜증스럽게 말하고 있었다. 평소 내가 아들에게 물었던 말투를 나에게 그대로 쓰는 모습에 감동했고, 짜증스러운 나의 모습을 오늘만 그런다고 봐 주는 아들의 믿음에 감동했다.

아이들은 부모가 자신들에게 닥친 불행을 어떤 식으로 해석하는지 듣고 있다가 따라한다. 부모가 먼저 자신에게 닥친 일에 대해서 영구적인 부정 설명양식으로 해석하지 말자. 또한 아이에게 실패의 원인에 대해 지능이나 능력과 같이 변하지 않는 것에 대해 피드백을 준다면 아이는 자신의 실패가 지속될 것이라는 비관적인 신념을 가진다. 아이가 나쁜 시험점수를 받았다면 "이번 시험은 점수가 좋지 않네. 노력이 부족했나 보구나. 다음에는 더 노력해 보자."라고 말하며 언제든지 바뀔 수 있다는 것을 알려 주는 것이다.

내 아이에게 만들어 주는 생각습관, 긍정성

부모는 아이가 경험하는 작은 성공들이 긍정적인 사고로 이어질 수 있도록 신경을 써야 한다. 또한 부모는 자신이 겪은 일에 대해서도 긍정적으로 사고하는 모습을 보여 주도록 해야 한다.

어떤 부정적인 사건이 생겼을 때 내 생각을 잘 살펴보고, 일시적이고 부분적인 원인을 생각해 긍정적인 설명양식을 사용하자. 맛집에 갔는데 손님이 너무 많아 오래 기다리게 되었다면 "시장이 반찬이라더니 기다리면 배고파져서 더 맛있게 먹을 수 있을 거야."라던지지하철을 잘못 타서 다시 돌아와야 했을 때는 "덕분에 걷기 운동했다.", 글쓰기 대회에서 상을 타지 못한 아이에게는 "그래도 이번 대회를 준비하면서 책도 많이 읽고 글 쓰는 방법도 많이 익혔잖니."라고 말할 수 있는 부모가 되는 것은 어떨까. 그러한 부모의 말들은 내 아이가 '긍정'이라는 면역력을 가지고 성장할 수 있도록 도와줄 것이다.

마음독립을 위한 다섯 번째 : 끈기

〈이서윤의 초등생활처방전〉 유튜브에 '교실에서 공부 잘하는 학생들의 공통점'에 대한 영상을 올린 적이 있다. 이 영상을 많은 분이 조회하고 공감의 댓글을 달았다. 공부 잘하는 아이들의 공통점 중 하나는 끝까지 한다는 것이었다. 교실에서 하는 활동은 지루한 것들이 많다. 그럼에도 끝까지 완성하려고 노력하는 아이들이 있다. 이런 아이들은 끈기가 높다고 할 수 있다.

끈기는 '목표를 향해 오래 나아갈 수 있는 열정'으로 해석될 수 있으며, 꿈을 실현하기 위해 열심히 하는 노력을 말한다. 이 끈기에 관해 설명한 학자가 있다. 베스트셀러 『그릿』의 저자이자 심리학과 교수인 앤절라 더크워스(Angela Duckworth)다. 그녀가 말하는 그릿 역시 끈기와 다르지 않다. 앤절라는 '성공한 사람들의 공통점이 좋은 지능, 좋은 외모, 육체적 조건, IQ가 아닌 그릿(끈기)'임을 증명했다. 그릿이 중요한 이유는 노력하지 않을 때 재능은 발휘되지 않은 잠재력일 뿐이기 때문이다. 그릿이 있어야 끝까지 노력할 수 있다고 했다.

앤절라는 다음과 같이 성취의 공식을 말했다.

$$재능 \times 노력 = 기술$$

$$기술 \times 노력 = 성취$$

앤절라는 끈기와 사람들이 추구하는 행복 단계 사이의 명확한 연관성을 발견했다. 끈기가 적은 사람은 **쾌락**을 통해서 **행복**을 추구하는 반면, 끈기가 많은 사람은 **관계**를 추구한다. 끈기는 단기적으로는 더 많은 에너지가 필요하지만, 장기적으로는 기분이 더 좋아질 뿐만 아니라 동기부여 측면에서 더 강력하다.

힘든 일을 성취할 때면 도파민이 보상으로 나온다. 어려운 과제를 반복해서 성공하면 뇌에서 도파민이 꾸준히 나온다는 것을 몸과 머리는 알게 된다. 어떤 과제에 깊이 파고드는 데 필요한 정서적인 강인함이 하나의 습관이 된 사람은 거기에 대해서 따로 생각하지 않아도 그 과제를 깊게 파고들 수 있다.

학습된 근면성

긍정성은 학습할 수 있다고 했다. 여기에 노력에 대한 보상을 주게 되면 어떤 상황에서도 절대 포기하지 않는 근면성을 학습하게 된다. 긍정성뿐만 아니라 시간과 장소가 달라져도 포기하지 않고 노력하는 근면성까지 학습되는 것이다.

휴스턴 대학교의 심리학자인 로버트 아이젠버거(Robert Eisenberger)는 다음과 같은 실험을 했다. 지레를 20번 누르면 먹이가 하나 나오는 어려운 조건과 두 번만 누르면 나오는 쉬운 조건에 쥐를 무작위로 배정했다. 그 뒤에 모든 쥐에게 똑같이 어려운 과제를 주었다. 그 결과, '쉬운 조건'에 놓였던 쥐에 비해 힘들게 노력해야만 보상받았던 쥐가 두 번째 과제에서 더 활동적이었고 지구력도 좋았다.

2, 3학년 아이들에게도 비슷한 실험을 했다. 사물의 숫자 세기, 그림 외우기, 모양 맞추기를 하면 1센트를 나누어 주었다. 일부 아동들에게는 정답률이 올라가면 과제의 난도를 올렸고, 다른 아동들에게는 난도가 같은 유사한 문제를 계속 줬다. 그리고 아이들 모두에게 칭찬과 함께 1센트를 나눠줬다. 나중에 두 조건의 아동 모두에게 앞의 과제와는 전혀 다른 지루한 일을 시켰다. 바로 단어를 옮겨 적는 일이었다.

쉬운 과제 대신 어려운 과제로 훈련받은 아이들이 단어를 옮겨 적는 과제를 더 열심히 했다. 이 결과 아이젠버거는 연습을 통해 근면성이 학습될 수 있다는 결론을 내렸다. 그리고 이것을 '학습된 근면성'이라고 이름 붙였다.

근면성을 학습하는 데는 '보상'이 중요한 역할을 했다. 노력과 보상의 연관성을 직접 경험하지 못하면 쥐든 인간이든 게으름을 부리게 된다. 열량을 소모하는 노력을 피하도록 진화해 왔기 때문이다. 이 실험 결과들을 통해 열심히 노력하면 좋은 보상이 뒤따른다는 것을 경험하고 나면 근면성은 학습할 수 있다는 사실을 알 수 있다. 그럼 끈기를 키우려면 노력에 맞는 보상을 통해 노력이 헛되지 않다는 것을 느끼게 해 주어야 한다.

노력 – 보상의 균형

아이가 끝까지 하는 힘, 즉 끈기를 갖게 하려면 어떻게 해야 할까? 노력해서 얻어 낸 보상이 매력적일 때, 결과가 노력에 상응한 대가라고 느껴질 때 우리는 힘들지만 포기하지 않고 도전한다. 그리고 노력하면 성공할 수 있을 것 같을 때, 포기하지 않는다. 즉 우리가 끈기를 발휘하는 경우는 이 두 가지 조건이 만족될 때다.

> 첫째, 노력에 대한 보상이 적절할 때
> 둘째, 내가 할 수 있을 것이라는 믿음, 자기효능감이 있을 때

노력 > 보상		노력은 많이 했는데 보상이 그 노력에 걸맞지 않으면 무기력을 학습하게 된다. '나는 해도 안 돼.'라고 생각하고 노력을 점점 안 하게 된다. 또 자존감이 떨어지는 것을 막기 위해서 처음부터 노력을 조금 해서 실패에 대한 변명의 여지를 남겨 둔다. "나 아파서 시험공부 별로 못했어."라고 말하는 것이다. '자기-불구화(self-handicapping)' 전략이라고 한다.
노력 = 보상		노력한 것에 대한 적절한 보상이 주어지니 자꾸 노력해 보고 싶다는 생각이 든다. 포기하고 싶어도 노력에 따른 보상을 받았던 성공 경험이 떠오르고, 나는 할 수 있다는 자기효능감이 뒷받침 된다. 근면성이 학습되어 계속 노력하게 된다.
노력 < 보상		내가 노력한 것보다 항상 좋은 결과가 나온다. 조금만 노력해도 성적이 확 오르는 것을 경험하다 보면 나중에 더 많은 노력이 필요할 때. 실패를 경험할 때, 그동안 받아 오던 보상을 받지 못할 때, 무너진다.

끈기가 많다 ⇒ 실패 상황에서 무조건 재도전

끈기가 적다 ⇒ 실패 상황에서 무조건 포기

이건 공식이 아니다. 누구나 실패 상황에서 인지적인 판단을 해서 끈기를 발휘할지 말지를 결정한다. '이거 내가 더 노력하면 될 것인가?'(보상), '나는 할 수 있는 사람인가?'(자기효능감), 이 두 가지를 기준으로 계속 노력할지, 아닐지를 결정한다.

장기적으로 부적절한 보상 환경에 노출되면 노력할 필요가 없다고 느끼고 이는 성격 특성이 되어 버린다. 노력-보상 불균형이 계속되면 자기효능감이 떨어지고, 끝까지 하는 힘은 발달하지 못한다. 끈기는 단순히 개인 내적으로만 길러지는 특성이 아니라 외부 보상에 따라 갖게 되는 것이고, 환경과의 상호작용 속에서 발달하는 힘이다. 여기서의 보상은 공부하면 장난감을 사주고, 게임을 하게 해 주는 것이 될 수도 있지만, 성공한 뒤 느끼는 뿌듯함, 성공 경험 자체가 더 큰 보상이 된다는 의미다. 또 기뻐하는 부모님의 반응 역시 보상이다.

물론 끈기가 있다고 무조건 재도전하는 것은 아니다. 과거에 성공 경험을 얼마나 갖고 있느냐에 따라 도전 여부를 결정한다. 또한 똑같이 성공했다 하더라도 어려운 문제가 먼저 나온 경우보다 쉬운 문제가 먼저 나왔을 때 더 높은 자기효능감을 보인다. 초반에 쉽게 성공을 경험한 사람은 어렵게 성공한 사람보다 더 높은 자기효능감을 보이고, 뒤이은 활동도 지속했다.

내가 공부했는데 계속 성적이 좋지 않거나 발전하는 것 같지 않으면 보상이 뒤따르지 않은 것이니 당연히 더 하고 싶지 않을 수밖에 없다. 스스로 '나는 공부를 못하나 보다.'라고 생각한다. 저학년 때는 자기 스스로가 공부를 못한다고 생각하는 아이들은 거의 없다. 학교에서 하는 공부 역시 어렵지 않으며, 친구들과 비교되는 상황도 많지 않다. 따라서 저학년 때는 끝까지 하는 경험 자체에 신경 쓰고, 학년이 올라가 공부가 어려워질 때, 성공 경험에 더욱 신경 써야 한다.

완수를 경험하라

어려운 일을 끝까지 해낸 경험이 또 다른 어려운 일을 해낼 수 있게 만든다. 따라서 어려운 일을 완수해 본 경험은 끈기를 기르는 데 도움이 된다.

'마라토너스 하이(marathoner's high)'라는 현상이 있다. 마라톤을 하다 보면 지극히 힘든 상태를 경험하게 되는데, 이 고비를 넘기면 다시 자신감과 힘이 생겨서 계속 달릴 수 있다는 이론이다. 이는 우리 신체의 부정적인 피드백이 극도의 고통을 무마하기 위해 뇌 속에서 엔도르핀을 분비하여 기분을 좋게 하는 현상이다. 따라서 마라톤을 여러 차례 하다 보면 쉽게 엔도르핀이 분비되어 긴 코스를 완주하는 고통도 점점 견디기 쉬워진다.

공부도 마찬가지다. 같은 형태의 스트레스가 계속되어도 스트레스를 극복하게 하는 호르몬들이 분비되어 견디기가 수월해지고, 결국 인내력이 형성된다. 아이가 몰입을 경험하고 몰입의 절정단계를 맛보고 끝까지 완수하는 경험을 하면 집중하고 인내하는 즐거움을 알게 된다.

하지만 10분이면 끝낼 공부를, 딴짓하며 느려 터지게 공부하다가 몇 시간씩 잡아먹고 있는 아이를 보면 부모의 속도 터진다. 공부를 시작해서 끝내기까지 몇 번이나 고비가 찾아온다. 아이가 끈기를 발휘해서 끝까지 하게 하려면 자신감을 북돋아 주며, 지지해 주는 사람이 반드시 있어야 한다. 아이 옆에서 함께 공부하면서 우리는 긍정적인 피드백을 반드시 해 줘야 한다. 실제로 자신이 얼마나 잘했는지와 상관없이 실패 피드백을 받은 집단은 성공 피드백을 받은 집단보다 이후 과제에서 낮은 수행을 보였다는 연구결과가 있다.

아이가 힘들어 하거나, 집중력이 흐트러지거나, 포기하고 싶어하는 것 같을 때, "지루해도 끝까지 하려고 노력하는 모습이 정말 멋있어. 엄마가 도와줄 것 있니?"라고 말하며 긍정적인 피드백을 주자.

또 초기에 풀리지 않는 문제를 통해 실패를 경험한 집단은 쉬운 문제를 통해 성공을 경험한 집단에 비해 자신감이 떨어지고 잘하지 못했다. 존 스웰러(John Sweller) 교수는 순서 효과를 말했는데, 쉬운 문제에서 어려운 문제의 순서로 과제를 할 때, 더 좋은 결과가 나온다고 했다. 공부하기 만만한 것으로 워밍업하고 점차 어려운 것으로 넘어가는 순서로 계획을 짜 보자.

초반에는 아이가 더 잘할 수 있는 것으로 시작해서 성공 경험과 자기효능감을 끌어올린다. 아이가 10분만 지나도 싫증을 느끼면 처음에는 15분을 약속한다. 그리고 성공하면 다음에는 20분을 약속한다. 점진적 접근법을 사용하면서 점차 시간을 늘려 나간다. 그러다 보면 '마라토너스 하이'를 느끼고 머리가 텅 빈 듯하면서 집중이 잘 되는 현상을 느끼기도 한다.

집중할 수 있는 환경을 만드는 것도 중요하다. TV, 컴퓨터, 스마트폰 등은 집중할 때는 잠시 옆에 두지 않도록 한다. 옆에서 함께 해 주고, 긍정적인 피드백을 주며, 점진적으로 시간을 늘려 가는 방법 등을 써서 완수하는 경험을 할 수 있도록 도와준다.

명확하고 의미 있는 목표

미술 시간에 그림그리기를 지루해 하며 포기하는 학생이 꽤 있다. 학급 그림책 출간 프로젝트를 진행한 적이 있는데, 한 명이 한 장씩 그림도 그리고, 글도 써서 모두 모아 책을 만드는 것이었다. 평소에 매번 작품을 제출하지 못하고 게으름을 피우던 학생은 어땠을까? 모든 학급 구성원이 정해진 시간에 자신이 맡은 그림책의 한 부분을 그려서 제출했다. 우리에게는 단순히 그림을 그린다는 목표보다는 한 단계 위의 목표인 그림책을 만든다는 목표가 있었기 때문이었다.

나 역시 마찬가지다. 단순히 SNS에 내 경험을 공유한다는 목표만 갖고 있었다면 쉽게 지쳤을 것이다. 하지만 그것을 책으로 만들고, 학부모에게 도움이 되는 서비스로 만들어 보겠다는 더 큰 목표가 있었기에 꾸준히 할 수 있었다. 많은 사람이 '블로그에 1일 1포스팅을 하겠다.'는 목표를 세우지만 흐지부지되기가 쉽다. 만약 '블로그에 1일 1포스팅을 해서 그것을 모아 책으로 만들겠다.'라는 목표를 세웠다면 목표를 달성할 확률이 더 높아진다.

노력과 보상의 불균형이 계속되면 포기하게 되고 끈기가 발달할 수 없다고 했다. 지금 당장 노력과 보상의 불균형이 이어질 때, 나에게 분명하고 의미 있는 목표가 있다면 그 불균형을 극복하게 해 준다. 따라서 끈기에 있어서 '목표'는 중요하다.

세상에 아무리 즐거운 일이라도 자꾸 반복하면 지겨워지기 마련이다. 아이들이 좋아하는 컴퓨터 게임도 "너 오늘 10시간 동안 해야 해."라고 한다면 아이들은 금세 지루하다고 느낄 것이다. 아무런 목표 없이 억지로 반복하는 것은 집중력을 발휘할 수 없게 만든다.

아이가 자발적으로 시작하고 그것을 미래의 큰 목표와 연관시킨다면 아이는 포기하고 싶을 때 다시 도전하게 된다. 피아노를 친다면 개인 피아노 연주회를 여는 것을 목표로, 그림을 그린다면 개인전을 갖는 것을 목표로 하도록 한다. 책을 읽을 때는 책을 써 보는 것을 목표로 하는 것이다.

지금 하는 것보다 한 단계 위의 목표를 만들어 주는 것은 집중시간을 늘리고 포기하고 싶을 때 한 번 더 끈기를 발휘하도록 하는 방법이다.

거짓된 칭찬이 아닌
불쾌한 감정의 인정과 격려

보통 자신이 하는 일이 잘되지 않을 때 싫증을 내고 포기하려고 한다. 그때 부모가 어떤 반응을 보이느냐는 아이가 또 다른 좌절을 만났을 때, 낙관적으로 행동하여 끈기를 발휘하느냐 발휘하지 못하고 포기하느냐를 결정한다.

아이가 "난 못해. 하기 싫어. 내가 한 것은 엉망이야."라고 말하며 그만 두려고 할 때, 부모는 어떻게 말해야 할까? "아니야, 우리 딸(아들)이 한 게 최고야. 잘했어."라고 하는 게 맞을까?

칭찬은 고래도 춤추게 한다고 했다. 칭찬은 마법과 같다. 하지만 칭찬이 무조건 좋은 것만은 아니다.

미술 시간이었다. 그림그리기를 싫어하고 잘 그리지 못하는 남학생 영재가 있었다. 그날도 처음에는 잘 그리려고 시작하는 것 같았지만, 잘되지 않자 짜증을 내면서 그만하겠다고 했다. 그 후 나와 영재의 대화는 다음과 같이 진행되었다.

> 선생님: 영재야, 충분히 잘하고 있어. 마음만 먹으면 무엇이든 할 수 있는 거란다. 선생님은 영재가 그린 그림이 마음에 들어.
>
> 영재: 제가 그림 못 그린다는 거 다 알아요. 뻥치지 마세요.
>
> 선생님: 아니야. 영재 그림은 피카소가 그린 것 같다. 선생님이 좀 도와줄까?
>
> 영재: 네. 선생님이 해 주세요. 역시 선생님은 잘 그리시네요. 저는 못해요. 선생님이 다 그려 주세요.

나는 영재에게 자신감을 길러 주고 싶었기 때문에 충분히 잘하고 있고 더 잘할 수 있을 거라고 말해 주었다. 하지만 아이들은 객관적이기 때문에 이미 자신의 그림 실력이 별로라는 사실을 알고 있었다. 거짓된 칭찬은 오히려 아이를 공감해 주지 못하는 꼴을 보이게 된다. 못하는 것이 뻔히 보이는데 잘하고 있다고 하기보다는 "선생님도 그림 그리는 것은 잘 못해. 하지만 그리다 보니 점점 더 나아지더라."라고 말해 주는 편이 낫다.

또 아이의 기분을 풀어 주기 위해 대신 해 주는 것은 "네가 바라는 대로 되지 않을 때는 포기하고 다른 사람에게 의지해라."라고 말하는 것과 같다. 이는 아이에게 자신감을 길러 주는 것이 아니다.

실패를 겪는 아이에게 거짓된 칭찬을 해서 자신감을 심어 주어서는 안 된다. 아이의 기분을 이해하고 있고, 부정적인 감정이 드는 것이 당연하다는 것을 알려 준다. 그리고 점점 더 나아질 것이니 다시 시도해 보자고 격려해야 한다. 그것이 내가 영재에게 해 주어야 했던 것이고, 부모가 아이들에게 보여 주어야 할 태도이다. 우리 아들이 자기는 왜 그림을 잘 그리지 못하냐고 짜증을 낼 때 나는 이렇게 말한다.

"당연하지. 엄마는 30년을 연습했고 너는 이제 5년 연습했는데 너는 못 그리는 게 당연하지. 연습하면 나아져."

이런 식으로 말하면 아이는 다시 연습을 시작한다.

고정형 마음가짐 VS 성장형 마음가짐

스탠퍼드대학교의 심리학자 캐럴 드웩(Carol Dweck)은 감당하기 버거운 과제들과 씨름하는 사람들의 뇌를 스캐닝하면서 고정형 마음가짐을 가진 사람과 성장형 마음가짐을 가진 사람이 보여 주는 각각의 반응 차이를 알게 되었다.

고정형 마음가짐은 재능은 타고나는 것이므로 아무리 노력하고 연습하더라도 나아지지 않는다고 믿는 것이고, 성장형 마음가짐은 재능은 출발점이고 노력해서 연습함으로써 달라진다고 믿는 것이다. 어려운 문제에 맞닥뜨렸을 때 고정형 마음가짐을 가진 사람의 뇌는 마치 그 마음가짐이 머릿속으로 들어오는 정보를 모두 걸러 내는 것처럼 활동성이 둔했다.

반면에 성장형 마음가짐을 가진 사람은 어려운 문제에 부딪혔을 때 뇌에서 폭죽이 터지듯이 점화가 일어났다. 뇌 전체가 바쁘게 돌아갈 정도로 왕성한 활동을 보여 주었다. 그 결과도 놀라웠다. 성장형 마음가짐을 가진 사람은 복잡한 도전 과제에 직면해서 더 열심히, 더 오래, 더 똑똑하게 일하면서 다양한 문제해결 전략을 동원한다.

고정형 마음가짐을 가진 사람일수록 실수에 집착하고 성장형 마음가짐을 가진 사람들은 그렇지 않다. 성장형 마음가짐은 부정적인 자기 대화를 막는다. 그래서 실수하면 자신을 비난하는 것이 아니라

개선의 기회로 삼아서 더 빠르게 앞으로 나아가며 스트레스도 덜 받는다.

성장형 사고방식은 역경에 대한 낙관적 해석을 낳고, 이는 다시 끈기 있게 새로운 도전을 추구하는 행동으로 이어진다.

고정형 사고방식, 끈기를 약화하는 표현	성장형 사고방식, 끈기를 강화하는 표현
"너는 타고났어. 마음에 든다."	"열심히 배우는구나." "결과가 안 좋았네. 어떤 식으로 했는지 어떻게 하는 것이 더 나을지 이야기해 보자."
"참 잘했어. 굉장한 재능이구나."	"참 잘했어. 더 개선할 부분은 뭐가 있을까?"
"이거 원래 어려운 거야."	"어려운 거야. 아직 못 한다고 해서 상심할 것 없어."
"이건 네가 소질있는 분야가 아닌가 봐. 잘하는 다른 걸 하면 되지."	"나는 목표 기준을 좀 높게 잡아. 그 기준에 도달할 수 있도록 도와줄게."

캐롤 드웩 교수는 아이들의 도전욕구에 칭찬이 끼치는 영향을 측정하는 실험을 했다. 한 그룹의 아이들에게 풀기 쉬운 퍼즐을 내 주고 다 풀고 난 후 아이들의 지능에 대해 칭찬했다. "참 잘 푸는구나. 넌 아주 똑똑할 거야."라고 말하고 나서 나머지 절반의 아이들에게는 노력에 대해 칭찬했다. "참 잘 푸는구나. 분명 열심히 노력했을 거야."

그다음 같은 아이들에게 훨씬 더 어려운 퍼즐을 풀 기회를 주었다. 지능을 칭찬 받은 아이들 그룹은 어려운 퍼즐과 쉬운 퍼즐 중 하나를 고를 기회가 주어지자 더 쉬운 퍼즐 쪽을 택했다. 반면에 노력을 칭찬 받은 그룹은 '내가 더 배울 수 있는' 어려운 퍼즐을 선택했다.

노력에 대한 칭찬은 아이에게 더 배우고 더 발전할 수 있다는 믿음을 갖게 했다. 능력에 대한 칭찬은 아이들을 무기력하게 만든다. 자칫 실패할 수 있는 어려운 과제에 매달리기를 두려워하게 만든다. 능력 그 자체는 결코 성공을 보장하지 않는다. 부모가 자녀의 능력이 내재한 것으로 보는지 아니면 발전시킬 수 있는 대상으로 보는지에 아이의 성공이 달려 있다.

새로운 것에 도전한 그 자체를 칭찬해야 한다. 결과는 중요하지 않다. 그 시도로 인해 긍정적인 감정만 얻으면 된다. 도전을 통해 우리의 뇌가 성장한다. 성취가 아닌 노력에 대해 칭찬하면 아이들은 긍정적으로 변한다.

3부
생활독립

생활독립이 필요한 이유

아이를 키우는 궁극적 목표는 잘 독립시키는 데 있다. 부모인 내가 옆에 없어도 아이가 잘 살 수 있도록 만들어 주는 것이다. 독립에 가장 중요한 것은 아이에게 혼자 해 볼 수 있는 기회를 주어 연습하게 하는 것이다.

여러 학군에서 일하다 보면 학교마다 아이들의 분위기가 다르다는 것을 느낄 수 있다. 교직생활을 처음 시작했던 지역은 부모가 아이를 살뜰하게 보살피기 힘든 경우가 많은 곳이었다. 겨우 10살인 아이가 아플 때 혼자서 병원에 가고, 아침이면 깨워 줄 사람이 없어 등교하지 못할 때도 있었다. 아침밥을 먹지 못하니 매일 급식만 애타게 기다리는 아이들이 대부분이었다. 저녁도 학교 근처의 사회복지시설이나 종교시설에서 해결하는 아이들이 많았다. 그런 모습을 안타까워하자 선배 선생님이 이런 말을 했다.

> "너무 안타까워만 하지 말아요. 저 아이들은 나름대로 살아가는 방법을 더 먼저 배운 걸 수도 있으니까. 세상에는 좋기만 한 것도 없고, 나쁘기만 한 것도 없어요. 저 아이들은 지금 당장 어디 갖다 놔도 자기 살길을 찾을 거예요."

간혹 공부는 잘하지만 자기 일상은 잘 챙기지 못하는 아이들을 보고는 한다. 개인이 가지는 경쟁력의 원천을 두고 사람을 나눌 때 북-스마트(book-smart)한 사람과 스트리트-스마트(street-smart)한 사람이 있다고 한다. 북-스마트는 말 그대로 '책으로 세상 정보를 많이 배운'이라는 의미이고, 스트리트-스마트는 '세상 물정에 밝은'이라는 의미다. 즉 공부에 흥미가 있고 잘하는 사람은 북-스마트라고 할 수 있고, 공부보다는 사업이나 일상생활을 잘하는 사람은 스트리트-스마트하다고 할 수 있다. 이 두 가지를 이분법으로 딱 잘라 생각해야 한다는 것은 아니다. 하지만 교실에서도 눈치가 빠르고 청소나 심부름도 잘하는 소위 어디에 떨어뜨려 놓아도 잘살 것 같은 아이들이 있다. 그런 아이들은 공통으로 문제 해결력이 뛰어나다. 그런 아이들은 스트리트-스마트하다고 생각해 볼 수 있다.

부모가 충분한 시간과 에너지를 투자할 수 있다고 해서 무조건 좋은 건 아니다. 너무 풍요로우면 빈틈이 없어서 아이가 혼자 할 수 있는 기회를 빼앗길지도 모른다. 엄마의 빈틈은 아이를 성장시킨다. 완벽하게 챙겨 주지 못한다고 자책할 필요는 없다. 혼자 할 수 있는 방법을 알려 주고 독립할 수 있는 디딤돌이 될 기회로 삼게 한다.

우리 아이의 생활독립

　초등 입학 준비에서 가장 중요한 것은 무엇일까? 단순하게 말하면 먹고, 싸고, 공부하기를 잘할 수 있도록 해 주는 것이다. 즉 급식을 잘 먹을 수 있게 준비해 주고, 화장실을 잘 갈 수 있게 미리 연습시켜 주고, 학교에서 공부를 잘할 수 있도록 도와주면 된다.

　입학 준비에 무엇이 필요하냐는 질문을 많이 받지만, 무엇보다 중요한 건 스스로 하는 습관이다. 일상생활의 많은 일을 스스로 하는 것부터 생활독립은 시작된다.

급식 시간

급식 시간이 즐거워지려면 모든 음식을 잘 먹어야 한다. 하지만 음식을 골고루 잘 먹는 아이는 많지 않다. 많은 아이가 초등학교를 입학해서 힘들어하는 생활 중 하나가 의외로 급식이다. 유치원에 비해 식단이 갑자기 바뀌어서다. 초등학교는 1학년부터 6학년까지의 아이들이 함께 먹는 음식이라 매운 것도 있고, 메뉴도 다양하다. 숟가락과 젓가락도 성인용을 사용해야 해서 사용이 익숙하지 않다.

내 아이를 키우기 전에는 급식으로 나온 음식은 가리지 않고 다 먹도록 지도하는 것이 선생님의 역할이라고 생각했지만, 아이를 키워 보니 그게 아니라는 걸 알게 되었다. 물론 골고루 영양분을 채워 주는 급식을 잘 먹으면 좋겠지만 급식이 아이에게 스트레스로 작용하는 건 옳지 않다. 그래서 요즘은 "선생님은 한 번만 먹어 봤으면 좋겠지만 너무 힘들면 나중에 시도해 봐."라고 넘어가기도 한다. 급식 지도에 불량인 담임 선생님이라고 여길 수도 있지만, 급식을 스트레스로 여기지 않는 게 더 중요하다는 생각이 들어서다.

급식 시간이 즐거워지려면 학교에 가기 전, 음식을 골고루 먹는 연습, 숟가락, 젓가락을 편하게 사용하는 연습, 식사 시간이 너무 늘어지지 않는 연습을 하는 것이 좋다. 바른 자세로 앉아서 수저를 이용해 골고루 먹는 식습관을 꾸준하게 가르칠 수 있는 곳은 가정밖에 없기 때문이다.

화장실 사용

학교 화장실 사용이 편해지려면, 입고 벗기 편한 옷을 선택하는 것이 가장 좋다. 옷을 스스로 입고 벗고, 볼일을 보고 나서 뒤처리도 스스로 할 수 있어야 한다. 재래식 화장실도 한 번쯤 사용해 보는 경험을 갖는 것이 좋다.

집이 아닌 곳에서 볼일을 보는 연습을 해야 한다. 배가 아파 화장실에 갔는데도 여전히 찡그린 얼굴 그대로 교실로 돌아오는 아이들이 종종 있다. 몇 번이나 화장실을 들락날락하지만 결국 볼일을 해결하지 못하고 종일 답답하게 있다가 하교한다. 이런 일을 미리 예방하려면 미리 조금씩 연습하는 것이 좋다.

내 물건과 공간 정리하기

교실 바닥에는 늘 주인 없는 연필과 지우개가 굴러다닌다. 잃어 버린 연필을 찾아가는 아이들은 거의 없다. 더구나 요즘은 학습 준비물을 학교에서 거의 챙겨 주기 때문에 물건의 부족함이나 소중함을 느낄 틈도 없다. 너무 풍족하면 내 물건을 굳이 챙겨야 할 이유가 없어진다.

학기 초에 학교에서 써야 하는 물건 준비는 꼭 아이와 함께하는 게 좋다. 그리고 자기 물건에 이름을 쓰거나 이름 스티커를 붙이는 것도 아이가 직접 하게 하자.

학교에 다녀오면 가방을 제자리에 놔두고, 옷을 갈아입고, 학용품을 정해진 자리에 항상 두게 하는 습관을 만들어 줘야 한다. 엄마의 눈으로 봤을 때, 아이가 꾸물거리는 행동을 보면 화가 나겠지만 스스로 치울 수 있게 하자. 이런 습관이 들어야 학교에서도 사물함과 책상 정리를 잘할 수 있다.

책가방과 준비물 챙기기

책가방을 챙기고 준비물을 챙기는 것은 온전히 아이 몫이어야 한다. 교과서를 학교 사물함에 두고 다니기 때문에 책가방 안에 챙겨야 할 것이 많지는 않다. 매일 챙겨야 할 것은 필통이다. 아이들에게 가장 많이 하는 잔소리 역시 연필에 대해서다.

> "얘들아, 필통에 몇 자루의 연필을 들고 다녀야 할까? 최소 3자루는 들고 다녀야 해. 그럼 한 자루는 부러진 연필, 한 자루는 새 연필, 한 자루는 뭉뚝한 연필이면 될까? 쓰기에 좋은 잘 깎은 뾰족한 연필이 3자루 이상은 필통에 있어야겠지?"

연필을 쉬는 시간에만 깎아도 그나마 낫다. 수업 중간에 연필이 없어서 쓰지 않거나 뒤로 나가서 연필을 깎는 아이도 있다. 하루 종일 공부할 때 필요한 연필 정도는 스스로 챙길 수 있도록 하자.

실내화는 스스로 빨게 하자

실내화는 아이 스스로 빨게 하자. 지저분한 실내화를 학교에서 가져왔는데 바빠서 빨지 못한 채 주말이 지나고 말았다. 순간 아이 실내화도 챙겨 주지 못한 엄마라고 자책을 할 뻔했다. 그러다 실내화는 스스로 빨아야 한다는 것을 알려 주고 싶어서 "네 실내화는 네가 빨아야지. 안 빨았으면 어쩔 수 없으니까 오늘은 그냥 가져가렴." 하고 그냥 다시 들려 보냈다.

그렇게 일주일을 보낸 후, 다시 실내화를 가져왔을 때 낡은 칫솔과 수세미를 활용해서 깨끗하게 실내화를 빠는 방법을 알려 줬다. 그러자 아이는 실내화를 깨끗하게 빨아서 가져갔다.

생활독립의 기본은 일정 관리

　7~9세가 되면 학교 숙제나 자신의 일정을 스스로 진행하며 일정표나 달력, 시계를 활용할 줄 알아야 한다. 집에 시계와 달력이 없다면 이 기회에 장만해 걸어 두자. 시계는 숫자가 크고 정확하게 적힌 아날로그시계가 좋다. 시계 옆에 5, 10, 15, 20…처럼 5분 단위로 종이에 써서 붙여 놓는다. 초등 수학 교육과정을 보면 1학년 때 정각과 30분 단위의 시간을 배우고, 2학년 때 5분 단위의 시간을 배운다. 달력은 2학년 과정에서 나온다. 일상에서 자연스럽게 익힌다면 수학 학습에도 도움이 될 것이다.

　언제 어떤 일이 있을 예정이고, 몇 시부터 학원이나 방과 후 교실을 가야 하는지, 잠은 언제 자고, 스마트폰 사용은 몇 시부터 몇 시까지 하는지와 같은 시간과 날짜를 활용한 계획을 세워야 한다. 그리고 각종 의무, 학원, 방과 후 활동 등을 달력에 적어 둔다.

취침 시간, 스마트폰 사용, 집안일과 일정을 정하는 규칙을 만들기 위해서는 아이와 대화를 많이 하고 학교에 다녀와서 해야 할 일에 대한 것도 의논해 잘 보이는 곳에 적어 둔다. 매일 반복해야 하는 것들은 비주얼 시간표를 만들어도 좋다.

- 매일 반복해야 할 일들

옷, 가방 걸기 ⇒ 손 씻기 ⇒ 알림장 확인 ⇒ 숙제 ⇒ 독서

매일 아이와 오늘의 일과를 이야기하고 계획표를 점검하고 필요한 도움이 있는지 확인한다. 시간 관리, 행동들을 몸에 익히면 습관을 만들기 쉽고 자기 통제와 독립심을 느낄 수 있다. 자기 시간을 효율적으로 관리하는 법을 배우는 일은 평생 쓸 수 있는 기술을 배우는 것과도 같다.

규칙을 만들 때는 간단하고 명확해야 한다. 부모가 집에서 지켜야 하는 규칙을 만들어 두면 아이는 시간을 관리하고 목표를 설정하는 능력을 키울 수 있다.

규칙은 함께 대화하면서 만들어야 한다. 이때 앞에서 마음독립을 위해 생각했던 '자율성' 부분을 생각하며 대화한다. 가족회의를 통해

만들어도 좋다.

"하루에 스마트폰은 얼마나 사용하는 게 좋을까?"
"몇 시부터 몇 시까지 사용할까?"
"그 규칙을 지키지 않았을 때는 어떻게 책임질래?"
"그 정도로는 책임지는 것 같지는 않은데 규칙을 어긴다면 하루는 스마트폰 사용 금지령을 내려서 습관을 만드는 건 어떻게 생각하니?"
"하루 금지령이 너무하다면 어느 정도가 적당하면서 규칙을 지킬 수 있을 것 같니?"
"규칙을 지키지 않았을 때 주말 사용 시간에서 1시간을 뺐으면 좋겠다고?"

아이와 부모가 서로 해야 할 일들에 대한 내용을 합의해 나가는 것이다.

아이가 세운 생활계획, 학습계획을 실천하고, 잘 지켰을 때 격려하고 칭찬해 주면, 아이는 자신에 대한 통제감, 조절력, 자존감을 느끼게 된다. 긍정적인 격려와 칭찬은 아이에게는 가장 큰 보상이라는 것을 기억하자.

일상의 행동들을 습관으로 만들자

반복적인 일상은 삶을 안정적으로 만든다. 뇌는 우리를 둘러싼 환경을 쉬지 않고 평가하는데, 저장된 반복적 일상과 습관은 거의 자동적으로 반응할 수 있게 하기 때문이다. 우리가 생각하는 것 이상으로 루틴, 즉 반복 행동은 우리의 행동을 결정할 때가 많다.

우리가 내리는 모든 결정의 50퍼센트 이상이 무의식적인 습관에 의해서 이루어진다. 습관은 우리가 멈출 필요 없이 생활하게 해 주며, 스트레스가 높은 상황에서도 스스로 올바른 행동을 하도록 한다. 제대로 된 습관은 좋은 영향을 미치기는 하지만, 문제가 있다. 뇌가 좋은 습관과 나쁜 습관을 구분하지 못하는 것이다. 습관을 만드는 것은 쉬운 일이 아니다. 하지만 좋은 습관의 힘을 알기에 평생 가져갈

습관을 만들어 주는 것이다. 이런 습관 만들기 과정은 4단계로 이루어져 있다.

1단계 환경설계

학교생활을 마치고 집에 돌아왔을 때, 가방을 정리하는 공간, 스마트폰을 두는 공간이 정해져 있고, 공부할 공간이 정리되어 있다면 어떨까? 반대로 물건을 어디 둬야 할지 모를 정도로 공간이 엉망진창이라면 어떤 마음이 들까?

환경이 설계되어 있다는 것은 습관을 만들고 그 습관이 시스템이 되는 첫걸음이다. 사람의 의지력은 한정되어 있어서 의지력을 발휘하지 않고도 내가 정해 놓은 규칙을 바로 행할 수 있도록 미리 환경을 설계해야 한다.

아침에 등교하자마자 제출해야 할 가정통신문을 학생들이 빨리 낼 수 있도록 환경설계를 하는 것은 무엇일까? '가정통신문 제출'이라고 칠판에 써 놓고 가정통신문을 내는 바구니를 만들어서 교탁 위에 두는 것이다.

가정에서 지켜야 할 생활규칙이나 학습규칙에 관한 대화를 했다면 그다음부터는 그 규칙을 지속적인 습관으로 만들어 낼 수 있도록 도와주어야 한다. 예를 들어, 스마트폰 사용 규칙을 대화를 통해 만들어 보자. 학교에서 집에 오면 바로 스마트폰 주차장에 두기, 정해진 시간에만 사용하기 등의 규칙을 정해 생활한다면, "집에만 오면 스마트폰만 붙잡고 뭐하는 거니?"라는 잔소리를 하지 않게 된다.

2단계 신호 만들기

어떤 행동을 하게 하는 신호가 있다. 예를 들어 밥을 먹고 나서 항상 커피 한 잔을 마신다면, 커피 한 잔의 습관은 '밥을 다 먹었다.'라는 신호일 것이다.

신호 　　　　　　　행동

밥을 다 먹었다 　⇒　 커피 한 잔을 마신다

아이가 어떤 행동을 하게 되는 신호를 찾아보고, 행동과 연결하자. 집에 와서 아무것도 하지 않고 멍하니 앉아 있다가 스마트폰을 켜고 게임을 시작한다면, 그것을 대체할 행동을 규칙으로 만들고 습관이 될 때까지 도와주자. 물론 쉽지는 않겠지만 부모님도 같이 좋은 습관을 만든다는 생각으로 함께하자.

신호 　　　　　　　행동

집에 온다 　⇒　 같이 나가서 줄넘기한다

3단계 행동과 보상 연결

행동을 끝내고 나면 보상이 있어야 행동과 보상을 연결시킬 수 있다.

그렇다고 모든 습관과 행동에 보상을 만들 수는 없다. 아침에 일어나서 스스로 옷을 입고, 밥을 먹고, 양치를 빠르게 잘했다면 꼭 안아 주며 "정말 멋있어."라고 말하는 것만 해도 아이의 몸에서는 도파민과 옥시토신이 나온다. 보상을 거창하게 할 필요는 없다.

4단계 반복하기

가장 어려운 단계이자 가장 힘이 센 단계이다. 어려운 단계여서 아이가 혼자 하기 힘들어하면 부모가 함께 해야 한다. 아이의 습관만 만든다고 생각하면 부모는 잔소리를 할 수 있다. 따라서 부모도 만들고 싶은 습관을 정해서 함께 하자.

작은 습관의 힘! 〈　　　　〉이의 습관 프로젝트

내가 목표로 한 습관은?

◆ 생활습관 :

◆ 학습습관 :

나의 습관을 실천하도록 하고, 목표를 달성한 날은 스티커를 붙여 준다.

요일	월요일	화요일	수요일	목요일	금요일
날짜 생활 학습					
날짜 생활 학습					
날짜 생활 학습					

타인과의 생활독립

 유치원에서 생활하면서 아이들은 친구와의 관계에서 살아남는 법을 배운다. 하지만 초등학교 입학을 앞두고는 여전히 불안할 수밖에 없다. 네이버 오디오클립에서 〈이서윤의 초등생활처방전〉을 운영했을 때, 많은 학부모가 아이의 친구관계 문제로 고민을 상담했다. 그래서 초등 부모라면 아이의 친구관계를 이해하려면 이 정도는 알고 있으면 좋겠다는 것들을 정리했다.

 아이들끼리 친구가 되는 데는 네 가지 요인이 작용한다.

 첫 번째 요인은 접근성이다. 사는 지역이 가깝거나 친하게 지낸 기간이 길 때 쉽게 친구가 된다. '학기 초에 선생님이 자리를 배치했는데 우연히 근처에 앉았다.', '모둠 활동했는데 같은 모둠에서 활동했다.' 등, 이런 경우 친구가 될 확률이 높다.

두 번째 요인은 유사성이다. 나이, 성별, 흥미, 행동, 태도 등이 비슷하거나 공통점이 많을 때 쉽게 친구가 된다. 좋아하는 게임이 같거나, 같은 아이돌 스타를 좋아한다면 친해지기 쉽다.

세 번째 요인은 친근성이다. 친근성은 자신의 가장 깊은 내면의 생각과 감정을 나누는 것이다. 자신의 비밀을 친구에게 털어놓으면서 친해진다.

네 번째 요인은 호혜성이다. 서로 도와주고, 지지해 주는 것이다. 어떤 계기로 서로 챙겨 주는 관계가 된다면 친구가 된다.

저학년 때는 접근성이나 유사성 같은 물리적인 요인의 영향을 더 많이 받기 때문에 같은 학원에 다니거나, 동네 놀이터에 자주 가거나 멋진 장난감을 이용해서 친구를 만날 수 있다. 아이가 어리다면 주말에 집으로 친구를 초대하거나, 엄마 친구의 아들딸과 어울려 보는 경험을 만들면 친구 사귀기에 도움을 줄 수 있다. 사회적 기술 중 하나인 사회적 눈치는 엄마가 말로 설명해 줘 봐야 소용없다. 직접 부딪혀 보고, 상처도 받고, 몸으로 겪으면서 배울 수 있기 때문이다.

하지만 고학년은 친근성이나 호혜성이 더 큰 영향을 미친다. 친구들의 말을 잘 듣고, 내 이야기도 드러내면서 감정을 나눈다. 따라서 학년이 높아지면, 부모가 친구관계에 나서서 해 줄 수 있는 게 많지 않다. 아이가 집에서 충분한 지지를 받아 정서적으로 안정되어 있고, 많은 친구관계 경험을 통해서 사람과 잘 지내는 방법을 스스로 터득한 후 진심으로 친구를 대할 수 있어야 친구와 잘 지낼 수 있다.

간혹 엄마들 모임에 참석하기 어렵다는 하소연하는 학부모를 만날 때가 있다. 갓 입학한 1학년 때부터 한 해 뒤인 2학년까지는 엄마들끼리의 모임이 활발하다. 처음 시작한 아이의 학교생활에 관심도 많고, 아이 혼자 할 수 있는 것이 적어 엄마의 손길이 필요하기 때문이다. 만약 전학을 가려면 엄마들 모임에 끼기 위해서라도 1학년이 시작되기 전에 가야 한다는 이야기도 있을 정도다. 그러니 모임에 참여할 수 없는 엄마는 속상할 수 있다.

물론 저학년 때는 엄마들의 모임이 친구 문제에 도움이 될 수 있다. 하지만 학년이 올라가면 아이들은 자기들끼리 통하는 게 있어야 친해진다. 아무리 엄마들끼리 친해도 아이들이 맞지 않으면 친해지지 않는다. 결국 엄마들의 모임과 상관없이 친구관계는 아이 자신에게 달려 있다는 이야기다. 그러니 아이 친구 엄마들 모임에 끼지 못했다고 자책할 필요는 없다.(이렇게 말하는 나도 '미안해 하지 않는 과정'을 의식적으로 거쳐야만 가능하다.)

아이가 친구관계에 어려움을 겪고 있다면, 어떤 것 때문에 어려움을 겪고 있는지 원인을 알아보자. 아이가 규칙 지키기, 내 의견 표현하기 등을 잘할 수 있도록 도와줘서 학교생활을 잘하면, 학년이 올라갈수록 점점 좋아진다. 엄마의 '인싸력'과 아이의 '인싸력'은 전혀 별개의 문제이다.

친구를 어떻게 사귈까?

친구 사귀기의 과정은 크게 두 단계로 나뉜다. 첫 번째 단계는 만남이고, 두 번째는 상호작용 단계이다. '만남'은 말 그대로 친구와 만나는 단계이다. 본격적인 상호작용이 시작되기 전 다가가는 단계, 쉽게 말하면 친해지려고 서로 눈치를 보는 단계라고 생각할 수 있다.

아이들은 친구를 어떻게 만나게 될까? 보통 '자리를 바꿨는데 짝이 됐다.', '같은 모둠이 됐다.'와 같이 우연한 기회로 만나게 되는 상황이 있고, 누군가와 친구가 되고 싶어서 의도적으로 노력해서 만나는 경우가 있다. 아이들은 매력 있어 보이는 친구에게 먼저 다가가서 말을 걸거나 우연한 척, 자연스럽게 대화를 시도하기도 한다.

만남 단계에 영향을 미치는 요인은 세 가지다. 바로 호감 강도와 불쾌감 유무, 불안 강도이다.

첫 번째 요인인 '호감'은 친구를 처음 사귈 때 강하게 작용한다. 호감이란 친해지고 싶은 친구나 자신과 잘 통할 것 같다고 생각되는 친구에게 갖게 되는 감정이다. 친구들이 느끼는 호감 요인에는 여러 가지가 있지만, 대표적으로는 성격, 능력, 외모, 말투, 공통된 관심 분야 등이 있다. 초등학생에게 호감을 느끼는 성격에 대해 물어보니 이렇게 대답했다.

> "착하고 욕을 안 하고 재미있는 친구요. 친구를 이해해 주고 잘 도와주고 속상하거나 기분 나쁠 때 위로해 주는 친구요."

아이가 잘하는 게 있다면 친구들의 호감도는 올라간다. 공부를 잘하거나 운동을 잘하거나 그림을 잘 그리거나 하면 그 친구에 대한 동경의 마음이 생기기 때문이다.

두 번째 요인은 '불쾌감'이다. 이는 친구들이 싫어하는 행동을 하는가이다. 잘난 척하는 행동, 자주 울거나 쉽게 짜증 냄, 계속된 장난, 이유 없는 신경질, 일관성 없는 행동, 자기 말만 하는 행동, 자기 마음대로 하려는 행동, 사소한 것에도 쉽게 화내는 행동 등이 있다. 이런 행동을 하는 아이와는 친구가 되려고 하지 않는다.

세 번째 요인은 '불안'이다. 상대방이 자신을 어떻게 생각하는지 확신할 수 없어서 먼저 다가가는 노력을 하지 못한다. 기질적으로 다가가는 것에 주저하는 경우가 있고, 다가갔다가 상처받은 경험으로 불안도가 높을 수도 있다.

만남의 단계에서 영향을 미치는 세 가지 요인을 유념하면서 친구 사귀는 방법을 구체적으로 알아보자.

만남 단계,
친구에게 다가가기

 사회성이 부족한 아이는 친구에게 접근하는 방법 자체를 잘 모르는 경우가 많다. 나 역시 학창시절 새로운 친구를 사귈 때마다 어떻게 다가가야 할지 잘 몰라서 헤맸던 기억이 있다. 그래서 처음 다가가는 방법을 잘 모르는 아이에게는 친해지는 방법을 말로 알려 주는 게 도움이 된다.

 "친해지고 싶은 친구가 생기면 그 친구가 하는 것에 슬쩍 관심을 보여 봐. 그리고 그 친구한테 질문해 보는 거야. '무슨 책 읽어? 뭐해? 너는 작년에 몇 반이었어?'라고 말이야."

막연하게 "네가 먼저 말을 걸어 보렴."라고 하기보다는 구체적인 대화의 예를 들어 주면 아이가 실전에서 용기를 낼 수 있다. 역할놀이처럼 집에서 연습하는 것도 좋다.

친구들에게 맛있는 것을 사 주거나 선물을 주는 것은 신중하게 생각해야 한다. 그렇게 만남을 시작한 친구는 무언가를 사 줄 때만 아이 옆에 머무르다가 결국 자신의 마음에 맞는 다른 친구에게로 떠나 버려 아이가 상처를 받을 수 있다.

친구 사귀기의 임계점

교실에서 보면 친구를 사귀려고 적극적으로 노력하는 아이들이 있고, 있으면 좋고 없으면 말고의 태도를 가진 아이들이 있다. 누구나 다른 사람과 어울리고 싶고 관계를 맺고자 하는 욕구가 있다. 혼자 노는 것을 즐겨 하는 아이일지라도 친구랑 놀고 싶은 욕구가 아예 없는 것은 아니다. 하지만 사람마다 그 정도는 다르다. 어떤 아이는 열 번을 놀고 싶어 하고 어떤 아이는 한두 번이면 만족한다.

누구나 친구 사귀기의 임계점이 있다고 생각한다. 그 임계점을 넘으면 친구를 사귀려고 노력하는 것이다. 그 임계점은 사람마다 다르다. 임계점이 높은 사람일수록 다른 사람과 관계를 맺고자 하는 욕구(친애 동기)가 더 낮고, 누군가에게 다가갈 때 불안은 높아지지만, 외로움을 조금 덜 느끼고 부끄러움이 많아진다. 하지만 임계점이 낮은 사람은 친구를 사귀고자 하는 욕구(친애 동기)가 더 크고 낯선 사람과의 불안도가 낮다. 외로움을 좀 더 타고 부끄러움이 더 적은 경우다.

친구를 사귀고자 하는 임계점

친애 동기 + 불안도 + 외로움을 느끼는 정도 + 부끄러움

아이가 굳이 친구를 사귀려고 노력하지 않는 것은 아직 친구를 사귀기 위해 노력을 쏟아야 할 임계점에 다다르지 않은 것이다. 임계점이 늦게 올 수도, 아예 오지 않을 수도 있다. **혼자 있는 게 더 좋고, 친구가 많지 않아도 불편해 하지 않는다면 그냥 그대로 아이를 존중해 주자.** 친해지고 싶은 사람이 나타나고, 친해지는 동기가 생기면 아이는 또 달라진다.

임계점이 굉장히 높았던 나도 살다 보니 불편한 순간들이 자꾸 생겼다. '친구가 있었으면 좋겠다.', '친구가 더 많았으면 좋겠다.', '외롭다.' 이렇게 임계점을 넘어서면서 내 에너지를 친구 사귀는 데 쓰게 되었다.

친구가 없다는 게 무조건 나쁜 경험만은 아니다. 친구 없이 지내다 학교생활이 재미없고, 친구 무리에 끼고 싶다는 생각이 들기 시작

하면, 타고난 기질을 이기고 노력할 것인가, 말 것인가의 갈림길에 서게 된다. 기질을 이기고 용기 내 친구를 선택하는 과정은 누가 옆에서 부추긴다고 되는 일이 아니다. 자신이 친구를 사귀어야겠다는 임계점을 넘는 순간 자연스럽게 선택할 것이다.

용기의 순간을 기다리는 법

어떤 사람은 평생 친구들과 함께하지만, 어떤 사람은 일생을 외롭게 살아가기도 한다. 사실 그 모든 것은 자기가 선택하는 것이다. 낯선 사람과의 만남이 수월하고 그렇지 않고의 타고난 기질은 평생 따라다니지만, 그것을 유지하는 것은 결국 자기가 쌓은 경험으로 선택한다.

굳이 기질을 누르고 노력하는 것보다는 그냥 좀 외롭게 지내는 것도 괜찮다 싶으면 그렇게 지내는 것이다. 도움을 줄 수 있는 부분은 주고 나머지는 기다려 주자.

심리적 난도가
낮은 것부터 시도하자

임계점은 넘기고, 친구에게 다가가고 싶은데 도저히 용기가 나지 않고 방법을 모르겠다는 아이에게는 가장 쉬운 것부터 해 보게 하자. 쉬운 것부터 하나씩 심리적 난도를 높여 실천해 볼 수 있도록 독려하고 격려해 주자.

심리적인 난도에 따라 다가가는 방법에는 다음과 같은 것들이 있다.

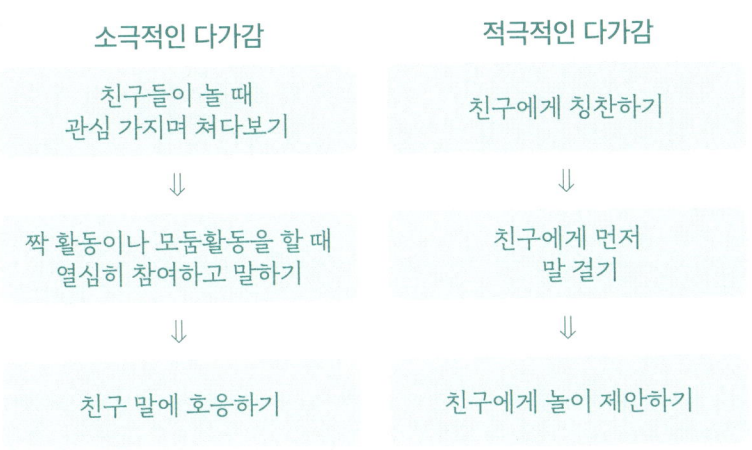

먼저 다가가는 것이 중요한데, 직접 말을 거는 행동도 필요하지만, 내 표현을 또박또박하는 것으로도 친구들에게 한 걸음 더 다가갈 수 있다. 소극적인 다가감에서부터 적극적인 다가감으로 발전할 수 있으면 좋지만, 학년이 올라가도 잘 되지 않으면 사회성을 훈련하는 프로그램을 받아 보는 것도 도움이 될 수 있다.

가족회의를 통해 말하는 연습을 하자

사회적 기술이 부족하다면 집을 작은 사회라고 여기고 연습할 수 있도록 해 준다. 집에서도 대화를 많이 하는 것이 좋다. 대화 시간이 부족하거나 어떻게 해야 할지 모르겠다면 가족회의 시간을 정기적으로 가져본다. "내 의견은 이런데 너는 어때?"와 같이 다른 사람의 의견을 듣고 자기 의견을 표현하는 연습을 하는 것이다.

같은 관심사를 이용해 보자

관심사가 같으면 어울리기에 유리한 점이 많다. 아이가 컴퓨터 쪽에 강점이 있다면 같은 관심사를 가진 친구가 주변에 없는지 찾아본다. 관심사가 같은 친구를 교실 안에서 만날 수 있다면 가장 좋지만, 꼭 교실 안에서만 찾을 필요는 없다. 아이의 성향에 맞춰 바둑이나 독서, 논술 같은 소규모 활동이나 캠프를 찾아본다. 교실 밖 어디서라도 만난다면 사회적 기술을 연습하는 기회가 될 수 있다.

어디서건 친한 친구가 생겼다면 아이에게 자신감을 심어 줄 수도 있다. 자신감은 소극적인 다가감을 시도하는 데 도움을 줄 것이다.

기질을 넘지 않을 정도의 노력이면 충분하다

사람마다 누군가와 어울리고 싶어 하는 대인 동기가 다르다. 또 편하게 생각하는 관계의 상태도 다르다. 어떤 사람은 여러 사람과 어울리는 게 좋고, 어떤 사람은 소수의 사람과 어울리는 게 좋다. 내 아이의 성향이 어떤지를 가장 잘 아는 사람은 부모다. 양적인 친구보다는 질적인 친구가 중요하고, 타고난 성향을 거스르는 것보다는 인정하는 것이 자존감을 지키는 건강한 삶이 될 수 있다.

상호작용 단계, 친해지고 갈등을 해결하기

두 번째 단계는 '상호작용'이다. 만남 단계에서 누군가에게 다가가거나 누군가 다가와 주는 것에 성공했다면 좀 더 깊이 있게 관계를 맺을 차례다. 서로 호감을 느낀다면, 그 친구관계가 잘 유지되어야 하는데, 이때 필요한 상호작용은 크게 '친밀감 형성'과 '갈등해결'로 나뉜다. 친밀감 형성은 경험과 정보를 공유하며 특별한 관계를 요구하는 단계이다. 갈등해결은 갈등이 생겼을 때 이를 잘 극복하고 더 깊은 친구관계가 될 것인지, 아니면 멀어질 것인지를 결정한다.

자신의 기질을 이기고 용기를 내 만남을 이뤄 냈다면 이제 함께 시간을 보내고 비밀을 공유하며, 자기 정보를 노출하고 서로 지지하면서 친밀감을 형성해 가야 한다. 여자아이들은 어디든지 함께 다니고, 친구들과 예쁜 학용품을 구경하거나 이야기하면서 친해지고, 남자아이들은 게임이나 운동하면서 경험을 공유하는 경우가 많다.

이때도 사회적인 기술이 필요하다. 친구에게 감정을 전달하는 방법, 친구가 하는 말에 긍정적으로 반응하는 방법, 친구가 고민하고 있을 때 잘 들어 주는 방법 등이 필요하다. 이런 것을 잘 모르는 아이에게는 가정에서 알려 주는 것이 좋다. 모든 것의 출발점은 가정이다. 가정에서 부모와 아이가 대화를 많이 하고, 서로의 이야기를 잘 들어 주고, 감정을 잘 주고받았다면 친구와의 관계에서도 그 모습이 드러난다.

갈등해결의 네 가지 전략

"선생님, 민준이가 돼지라고 놀렸어요."
"아니에요. 철수가 먼저 돼지라고 놀려서 그런 거예요."

"선생님, 성민이가 저를 치고 갔어요."
"아니에요. 지호가 먼저 저 무시하듯이 말해서 그런 거예요."

교실에서는 친구들 사이에 크고 작은 갈등들이 끊임없이 일어난다. 친구관계라고 해서 갈등이 일어나지 않는 건 아니다. 그럴 때 갈등상황에서 어떻게 대처하는지가 친구관계 유지에 가장 중요한 요소라 할 수 있다. 친구에게 다가가기는 잘하는데 관계를 유지하는 것을 힘들어한다는 고민도 종종 있다. 친구관계 유지는 특히 갈등해결과 관련이 깊다.

교실에서 나타나는 아이들의 갈등은 몇 가지 전략으로 나눌 수 있다.

친구가 화를 낼 때 같이 화를 내는 분노나 언어적 공격 전략("네가 먼저 그랬잖아!"), 자신의 이해관계를 주장하는 전략("그러니까 내가 먼저 줄 선거라고!"), 친구가 왜 화를 내는지 물어보는 대화 전략("왜 그렇게 소리를 크게 지르는 거야?"), 친구와의 갈등을 회피하거나 굴복 해버리는 회피·위축 전략("됐어. 나 안 할래."), 도움을 요청하는 이르기 전략("선생님, 철수가 저 놀렸어요.") 등이 있다.

이와 같은 갈등해결 전략은 자신의 욕구충족과 상대방의 욕구충족에 따라 크게 네 가지 유형으로 나누어 볼 수 있다.

갈등해결 전략

양보	지배	회피	협력
자신의 욕구 ↓	자신의 욕구 ↑	자신의 욕구 ↓	자신의 욕구 ↑
상대방 욕구 ↑	상대방 욕구 ↓	상대방 욕구 ↓	상대방 욕구 ↑

첫 번째는 양보형이다. 자신의 욕구충족은 관심이 낮고, 상대의 욕구충족에 관심이 높은 유형이다. 자신의 욕구충족을 포기하고 양

보하면서 친구에게 다 맞춰 준다.

두 번째는 지배형이다. 자신의 욕구를 우선 충족하려 하고 상대방의 욕구에는 관심이 낮은 유형이다. 승패 지향적이거나 자기 의견만 내세우고 고집을 부린다.

세 번째는 회피형이다. 상대방과 자신의 욕구 모두에 관심이 낮은 경우로 갈등 상황에 대처하려고 하지 않는다. "됐어. 안 해."라고 하거나 친구가 뭐라고 하든 무관심한 반응을 보인다. 회피가 무조건 나쁜 것만은 아니다. 문제가 사소한 것이거나 또는 피하는 것이 오히려 이득이 될 경우에는 적합한 대안이기도 하다.

네 번째는 협력형이다. 자신과 상대방의 욕구충족 모두에 관심이 높은 것으로 양쪽 모두 수용이 가능한 해결책을 모색한다. 모둠 활동을 하다가 갈등이 생기면 "그럼 우리 가위바위보로 결정할까?", "이번에는 민수가 발표하고 다음번엔 지혜가 하면 어때?"라고 친구들이 동의하고 만족스러워 할 만한 새로운 방법을 제안하거나 협상한다. 친구들과 사이가 좋고 인기가 많은 학생은 무조건 자기가 원하는 대로 하겠다고 고집을 부리지 않고 그렇다고 무조건 다 양보하지도 않는다. 소위 '협상'을 하는 것이다. 나와 상대가 동시에 수용할 만한 제안을 한다.

부모로서 '나'는 어떤 갈등해결 유형을 자주 사용하는가? 또 우리 아이는 어떤 갈등해결 유형을 자주 사용하는지 점검해 보자.

아이가 친구관계에서 상처를 받는 순간들

내 아이가 못된 친구 때문에 상처를 받으면서도 자꾸 끌려다니는 모습을 보면 속상함을 말로 표현할 수가 없다.

"너 이번에 술래 해."
"아까 나 술래 했잖아."
"그래도 또 해."

놀이터에서 노는 내 아이가 계속 술래만 하는 모습을 봤다면, 당장이라도 아이 친구에게 다가가서 "불공평하잖아. 이번에는 네가 술래 할 차례야!" 하고 대신 말해 주고 싶다. 하지만 부모가 너무 나선다고 할까 봐 꾹 참다가 집에 오는 길에 아이에게 물어보니 아이는 그 친구와 노는 게 재미있다고 한다.

아이들은 상처받으면서도 왜 그 친구와 어울리려고 할까? 사실 여기에는 여러 이유가 있다. 자신이 상처 받고있다고 인지하지 못하는 경우, 그 친구와 멀어지면 외톨이가 될까 봐 두려운 경우 또는 속해 있는 무리에서 떨어져 나오기 싫어서인 경우, 아이가 너무 착해서 친구한테 거절하는 말을 하지 못하는 경우 등이다. 이때 상처 주는 친구와 계속해서 놀게 해야 할지, 그만 놀라고 떼어 놔야 할지 고민이 이만저만이 아니다.

친한 사이라도 상처를 주고받기도 하며, 친해서 오히려 상처의 깊이가 더 크게 다가오기도 한다. 이때, 상처의 정도보다 즐겁고 만족스러운 정도가 더 커야 우정의 질이 높다. 나를 힘들게 하는 친구는 좋은 친구가 아니라는 것을 아이가 알 수 있게 해 줘야 한다.

상처의 정도 < 즐겁고 만족스러운 정도 ⇒ 우정의 질이 높다

상처를 받으면서도 친구관계를 끊지 못하고 계속 어울리려는 아이에게 어떤 것들을 해 줄 수 있을까?

우정의 질을 체크하자

아이에게 다음과 같은 질문을 해서 친구와의 우정의 질을 체크해 보자.

교제의 즐거움 확인

"너는 ○○와 같이 노는 것이 재미있니?"

친구와 의견의 불일치, 다툼, 혹은 친구의 괴롭힘과 같은 불편한 상황 확인

"너는 ○○와 의견이 맞지 않을 때가 있니? 그럴 때 어떻게 해?"
"친구와 놀면서 어떨 때 가장 속상하니?"

친구관계에 대한 애정과 만족 확인

"너는 ○○가 좋은 친구라고 생각하니?"

이 질문들은 아이가 놓인 상황을 파악하기 위해 부모님에게도 중요하지만, 아이들에게도 필요하다. 이런 대화를 하면서 아이가 친구에게 무시당하거나 상처 받고 있는 문제를 스스로 알 수 있기 때문이다.

자기 마음대로 하려고 권력을 행사하는 친구와 나와 잘 맞고 호감이 있는 친구는 다르다는 것을 분명하게 알려 주자. 친구관계는 반드시 대등한 관계여야 한다. 친구는 서로 편안해야 한다. 권력을 통해 친구를 통제하는 것과 호감이 있어 의견을 모으는 아이는 분명히 다르다는 것을 알아야 한다.

친구를 선택하고 관계의 지속 여부를 선택하는 것은 결국 아이의 몫이다. 당장 그 아이와 억지로 놀지 못하게 하기보다 다른 친구들과 놀아 보는 경험을 만들어 주자. 다른 아이의 엄마와 친해져서 놀 수 있는 기회를 마련해 준다든가, 새로운 학원에 보낸다든가 해서 다양한 친구관계를 통해 우정의 질이 높은 관계를 경험할 수 있도록 해주어야 한다. 나와 잘 맞는 친구, 편안한 친구를 찾는 안목을 기를 수 있게 된다면, 아이가 앞으로 친구관계를 잘 만드는 힘을 길러 줄 수 있다.

내 아이가 괴롭힘을 당할 때

　아이가 사회에서 관계를 맺기 시작하면서 부모가 가장 걱정되는 부분이 바로 괴롭힘이다. 내 아이가 친구를 괴롭히는 것도 문제이지만 괴롭힘을 당하는 것은 부모로서 감당하기 힘든 경험이다.
　아이가 괴롭힘을 당한다면 우선 어느 정도인지 살펴봐야 한다. 장난과 비슷한 수준의 단순한 괴롭힘에서 끝날 수도 있고, 더 강해질 수도 있기 때문이다. 괴롭힘을 당하는 정도가 강하지 않다면 아이가 성장하는 과정이라고 생각하고 옆에서 묵묵히 아이를 지지해 준다. 하지만 괴롭힘의 정도가 강해지고, 아이가 너무 힘들어 하면 그때는 부모가 개입해야 한다.

0단계,
아이 수준에서 친구의 괴롭힘에 대응

놀림이나 괴롭힘이 싫다는 것을 친구에게 강하게 표현하고, 무반응으로 일관하면서 '친구의 괴롭힘'이라는 자극에 반응하지 않는다. 관심 없으니 더 이상 자극하지 말라는 것을 행동으로 보여 준다.

1단계,
담임 선생님에게 도움 요청

0단계를 거치기 힘들다면, 바로 1단계로 가도 상관없다. 아이의 수준에서도 해 볼 수 있는 방법이다. 아이가 선생님께 적극적으로 도움을 요청해도 좋지만, 아이가 이야기하기를 꺼린다면 부모가 담임 선생님에게 연락해서 도움을 요청한다.

2단계,
괴롭히는 아이의 부모와 연락

담임 선생님이 상담하고 지도했음에도 불구하고 교실 안에서 은밀하게, 또 교실 밖에서 좀 더 강하게 괴롭힌다면, 괴롭히는 아이의 부모 연락처를 받아서 연락한다.

"제가 아이와 이야기해 볼게요."라면 그나마 낫지만, "아이들끼리 노는 것 가지고 너무 예민하신 거 아니에요?"의 반응이 나올 수도 있다. 어떤 반응이 나와도 상처받지 말아야 한다.

괴롭히는 아이에게 부모가 직접 말하는 것은 가능한 자제해야 한다. 아무리 우리 아이를 괴롭혔다고 해도 그 아이에게 직접 말하는 것은 아동학대가 될 수 있는 아주 예민한 문제이기 때문에 조심해야 한다.

3단계,
학교폭력 심의위원회

괴롭히는 정도가 정말 너무 심각하다 싶을 때는 학교에 알리고, 학교폭력 심의위원회라는 기구의 도움을 받을 수 있다. 학교폭력이 신고되거나 학교에서 학교폭력 사실을 알게 되면, 학교 소속 '학교폭력 전담기구'에서 사안을 조사한다. 이 조사를 토대로 학교장 자체 해결로 종결할지, 학교폭력 심의위원회로 보낼지를 심의한다.

학교폭력 가해 학생에게는 서면 사과, 학교 봉사, 출석 정지, 전학 등의 조치가 이루어지고, 학교폭력 피해 학생은 심리상담, 일시보호,

학급교체 등의 조치가 이루어진다.

사실 초등학교에서 학교폭력 심의위원회가 열려서 가해 학생에게 큰 조치가 취해지거나 하는 일은 거의 없다. 절차가 복잡하고, 그 과정에서 아이들이 상처받을 수도 있으나 학교폭력 심의위원회를 열어 경고한다는 상징적인 의미가 크다고 할 수 있다.

조심해야 할 것은 우리 아이를 괴롭힌 아이를 직접 찾아가 말하는 것은 아동학대로 오히려 신고당할 수 있다는 점이다. 또한 학교폭력이라고 신고했으나 오히려 양쪽 모두 상호행동인 경우, 내 아이가 원인을 제공한 경우도 많으니 잘 알아보고 신청해야 한다. 만약 내 아이가 괴롭힌 경우라면 진실된 마음으로 사과하면 서로 잘 풀리는 경우가 많다. 처음에는 괴롭혔다는 이유로 시작되지만 결국에는 사과를 제대로 하지 않았거나 말투가 별로였다는 등 감정적으로 기분이 상해 비난하게 되는 경우가 많다. 아이들 문제는 더욱 조심할 수밖에 없다. 아이를 키우는 부모의 입장에서 조금만 서로의 상황을 생각하면 문제가 더 잘 해결될 수 있을 것이다.

괴롭힘의 수준은 아니지만, 내 아이가 친구들 사이에서 주류가 되지 못하거나, 자기주장이 세지 않거나, 놀이할 때 친구에게 끌려다니거나 할 때 부모가 도와줄 수 있는 두 가지 방법이 있다.

먼저, 어떤 상황이든 괜찮다고 마음을 비우는 게 중요하다. 아이에게 친구와 잘 지내고 있는지, 친구가 몇 명 있는지 자꾸 묻는 것은

'친구가 없으면 괜찮은 사람이 아니다.'라는 생각이 들도록 할 수 있다. 모든 아이가 친구들에게 인기가 좋을 수는 없다. 인기가 없거나 아이들에게 외면당한다 해도 부모나 섣불리 나서서 무언가 도와주어야 한다는 생각 자체가 아이에게는 스트레스가 될 수 있다. 아이가 외로워 보인다면 가정에서 충분히 즐겁고 행복한 시간을 보낼 수 있게 도와주자. 가정에서 충분히 인정받는다면 스스로 괜찮은 사람이라고 생각하게 되고, 학교에서 무시당한다 해도 그에 따른 부정적인 영향은 훨씬 줄어들 것이다.

두 번째는 자기주장 연습을 자꾸 해야 한다는 점이다. 자기주장은 외향적이고 활달하다고 해서 잘하는 것이 아니다. 자기주장을 했고, 그 주장이 받아들여졌던 경험이 많을수록 자기주장을 계속할 힘이 생긴다. 물론 집에서는 이야기를 잘하면서 밖에만 나가면 자기 소리 내기를 힘들어하는 아이도 있다. 하지만 자기 의견을 전달하는 연습을 충분히 한다면, 자신이 좋아하는 것을 적극적으로 주장하기는 힘들더라도 최소한 싫은 것을 싫다고 말할 수는 있다.

아이의 성향이 갑자기 바뀌지는 않는다. 소극적인 아이를 억지로 강하게 만들 수도 없다. 부모님이 해 줄 수 있는 일은 아이의 마음을 든든하게 채워 주는 것이다.

남자아이 친구관계 특징 : 서열 짓기

교실 내에도 서열이 있다. 어린 애들이 무슨 서열이냐, 친구들끼리 잘 지내는 것 같은데 그렇게까지 말해야 하느냐고 생각할 수도 있다. 하지만 애석하게도 사실이다.

교실에서는 다음과 같은 상황이 흔하게 일어난다.

> 쉬는 시간에 교실에서 아이들이 노는 것을 지켜보고 있었다. 진수가 대민이를 괴롭히는 것처럼 보였다. 진수는 재미있다는 표정인데, 태민이의 표정은 그렇지 않았다.
> "진수야, 태민이 괴롭히지 마."
> "선생님, 저 태민이랑 놀고 있는 거예요."

"태민아, 너는 재미있니?"

모기만한 소리로 태민이가 대답했다.

"네……."

태민이는 마음이 여리고 소위 약한 아이고, 진수는 강하고 반 분위기를 주도하는 아이다. 이런 상황에서 태민이처럼 '아니오.'라는 대답을 못 하는 아이가 많다. 이렇게 마음이 여린 아이들은 힘이 세거나 기가 센 아이들에게 은근슬쩍 괴롭힘을 당하는 경우가 있다. 물론 대놓고 괴롭힘을 당하기도 한다. 정글 같은 남자아이들의 세계에서, 여리고 감성적인 내 아이가 힘들어하는 것은 무척 마음 아픈 일이다.

일본에서 사회교육학을 전공한 스즈키 쇼(鈴木翔)가 쓴 《교실 카스트(教室内カ-スト)》는 학생과 선생님을 인터뷰해서 연구한 논문을 책으로 엮은 것이다. 책에서는 '교실 카스트'라는 용어가 '인기가 많은 학생을 축으로 해서 서열이 정해지는 구조'를 지칭하고 있다. 인터뷰 결과 동급생끼리 '서열의 차이'가 없다고 대답한 학생은 단 한 명도 없었다. 초등학교 때는 지위의 차이를 개인 간의 차이로 느끼지만 중·고등학교 때는 그룹 간 지위의 차이로 인식하면서 초등학교 때보다 더 크게 서열의 차이를 느낀다. 특히 남자아이들은 본능적으로 서열을 짓는 것을 자주 보게 된다.

남자아이들의 관계 유형

교실에서 형성되는 남자아이들의 관계를 유형별로 나눠 보면 다음과 같다.

첫 번째, '권력추구형'이다. 보통 운동을 잘하고 활발하며 체구가 큰 아이들이 이 부류에 속한다. 또 체구와 상관없이 목소리가 크고 기가 센 아이들도 이 유형에 많이 속한다. 권력추구형 남자아이들은 다시 세 유형으로 나눌 수 있다. 가장 센 최고 권력형, 최고 권력형과 친해져서 그 권력을 함께 누리는 대리 권력형, 끊임없이 최고 권력을 향해 도전하는 권력 라이벌형이 있다.

두 번째, '까불이형'이다. 남자아이들의 권력에는 관심이 없는 유형으로 그저 장난치기 좋아하는 아이들이 포함되어 있다.

세 번째, '자발적 아웃사이더형'이다. 권력과 전혀 상관없이 혼자서도 잘 노는 유형의 아이들이다.

네 번째, '만만이형'이다. 대체로 기가 약하고 소심한 유형의 아이들이다.

교실에서 남자아이들의 갈등은 크게 두 가지로 볼 수 있다. 권력추구형에 속하는 아이들 가운데 가장 센 최고 권력형과 거기에 도전하는 권력 라이벌형의 갈등과 만만해 보이는 친구를 괴롭히거나 무시하면서 생기는 갈등이다.

남자아이들은 무의식적으로 자신들끼리 서열을 매긴다. 그 서열은 힘의 세기, 전반적으로 느껴지는 기운, 공부를 잘하는 정도 같은 기준들로 정해진다. 다만, 실제로 몸싸움을 하면서 1등부터 꼴등까지 서열을 매기기보다 자신보다 센 사람인지 아닌지를 '기'로써 느끼는 경우가 많다. 그래서 덩치가 나보다 크더라도 기질이 순하고 여리면, 일단 나보다 약한 아이로 규정한다.

당해도 되는 아이는 없다

아이가 친구들 사이에서 당하는 괴롭힘은 아무리 사소하더라도 엄청난 스트레스로 작용한다. 힘들어하는 아이에게 가장 먼저 해 주어야 할 일은 마음을 보듬는 것이다.

> "네가 그동안 얼마나 심적으로 힘들었는지 충분히 이해한다."

아이의 힘든 마음을 먼저 충분히 공감해 주고, 힘든 일이 생기면 언제든지 부모님이나 선생님께 도움을 청하라고 알려 주어야 한다. 아이가 마음을 열고 도움을 청하는 일은 생각보다 쉽지 않다. 특히 고학년일수록 힘들다. 괴롭힘을 당하는 건 창피한 일이 아니라는 것과 부모님은 언제든 '내 편'이라는 것을 꼭 알려 주자.

아이들은 친구를 괴롭힐 때 기본적으로 괴롭혀도 되는 아이라는 심리를 본능적으로 느낀다고 한다. 괴롭혀도 어쩌지 못하며, 나에게 어떤 위해도 가하지 못하고 혼자 힘들어 할 거라고 여긴다. 덩치가 크고 힘이 세다고 서열이 높은 것이 아니다. 아이들끼리 정하는 서열은 몸의 세기가 아니라 마음의 세기에 영향을 받는다. 덩치가 커도 순하고 마음이 여리면 괴롭힘의 대상이 되기도 한다.

그러니 '괴롭혀도 되는 아이'가 되지 않아야 한다. 괴롭힘을 당할 때 가만히 있지 말고 대항하라고 말해 주자. 친구의 행동이 싫다면 단호한 눈빛과 말투로 싫다고 말해야 한다. "하지 마!", "기분 나빠!"라고 말할 수 있도록 가정에서 역할 놀이로 연습을 해 보는 것도 좋다. 자기보다 센 친구에게 싫다고 말하는 건 쉽지 않다. 직접 말하기가 어렵다면 부모님이나 선생님께라도 알려서, 괴롭힘에 가만히 있지 않는다는 것을 보여 주도록 한다.

간혹 부모 중에 자기 아들이 남자답지 못하다고 생각해서 강한 아이를 친구로 붙여 주려고 한다. 하지만 그 방법은 옳지 않다. 섬세하고 마음이 여린 아이들은 그들만의 장점이 있다. 그런 기질의 아이들은 성격이 비슷한 친구와 시간을 보내는 것을 편하게 느낀다. 서로 마음을 헤아리며 상처받지 않고 잘 지낼 수 있기 때문이다.

서열이라는 것 또한, 아이가 커 가면서 겪어야 할 자연스러운 관계 맺음이다. 서열은 성인이 되어서도 존재하며, 내 아이가 항상 높은 서열에 자리할 수도 없는 일이다. 싫다고 강하게 표현하고 나와 맞는 친구를 찾는 과정이 쉽지만은 않다. 하지만 중요한 것은 한 번 힘들었다고 해서 계속 힘든 것이 아니라, 점점 나아질 수 있다는 마음가짐을 갖는 것이다. 계속 도전하고 노력할 수 있도록 동기부여를 해 주어야 한다.

여자아이 친구관계 특징: 무리 짓기

급식 시간에 급식판을 앞에 두고 수영이가 갑자기 훌쩍훌쩍 울기 시작했다.
"수영아, 무슨 일 있어?"
"갑자기 진하랑 영희가 제가 하는 말을 다 무시하고, 저를 모른 척해요."
"알았어. 일단 점심 먹고 나서 선생님이랑 같이 이야기하자."

항상 3이 문제다. 셋이 친하면 꼭 한 명이 소외된다. 그리고 소외되는 아이는 돌아가며 바뀐다.
여자아이들은 친하게 지내다가도 어느 순간, 무리 내에서 다른 무리를 지어 친한 친구를 괴롭힌다. 치고받고 싸우거나, 나보다 서열이 낮은 친구를 괴롭히는 갈등을 만드는 남자아이들과 달리 겉으로는 아닌 척하면서 오늘의 가장 친한 친구가 내일의 적이 되고, 오늘의 적이 내일의 친구가 되기도 한다. 여자아이들의 친구관계는 교실에서도 지속적인 관찰이 필요하다. 겉으로는 아무 문제가 없어 보여도 속을 들여다보면 은밀하게 괴롭히고 있는 경우가 많기 때문이다.

여자아이들은
무리를 지어 어울린다

단체 생활을 하다 보면 모두가 다 같이 친하게 지내기는 쉽지 않다. 직장 생활에서도 특별히 더 친한 사람이 있고, 덜 친한 사람이 있다. 무리를 짓는 것은 어떻게 보면 당연한 일이다. 하지만 성숙해지면서 우리는 자신과 덜 친하다고 소외시키지 않고 함께 어울리는 방법을 배워 간다. 초등학교와 중학교 시기는 그 방법을 배워 가는 때이다. 따라서 아이의 도덕성과 사회성이 아직 성숙하지 못하고 발달하는 중이기 때문에 무리로 인해서 문제가 될 때가 있다.

아이들은 왜 무리를 지을까? 아이들에게 무리는 학교생활에서 자기들의 지지자이자 울타리의 의미가 된다. 또래 무리를 만들면서 소속감을 느끼고 학교생활에 더 자신감을 느낀다. 남자아이들 역시 무리 짓기를 하지만 여자아이들만큼 견고하지는 않다.

여자아이들은 학기 초 탐색기를 거친 후, 자기들끼리의 경험을 쌓으면서 서서히 무리를 형성한다. 한번 만들어진 무리는 굳어져 잘 변하지 않는다. 처음 무리가 만들어질 때는 일단 접근성이 많은 영향을 미친다. 학기 초 자리 배치를 통해 우연히 근처에 앉은 친구, 급식 시간에 우연히 마주보고 앉은 친구가 있다면 쉬는 시간과 점심시간, 특별실로 이동하면서 함께 시간을 보내는 경우가 많다. 어색하고 불안한 때에 한 번이라도 말을 건네 본 아이와 서로 의지하는 것이다. 이때 특별한 갈등이 없고, 이 친구와 어울려도 내 명예에 손색이 없겠다 싶으면 그대로 친구가 된다. 그리고 그 둘을 중심으로 다른 친구들이 불어나며 무리가 만들어진다.

유사성도 영향을 많이 미친다. 같은 아이돌을 좋아하거나, 꾸미기를 즐기거나, 좋아하는 유튜브가 같거나 운동을 좋아하거나 하면 친해진다. 처음 접근성에 의한 무리 짓기에서 배제되었다 하더라도, 유사성이 크면 나중에 무리로 발전하거나 이미 만들어진 무리에 유사성 큰 아이가 추가로 들어가기도 한다. 접근성으로 만들어진 A라는 무리에 속해 있지만, 유사성이 큰 친구를 만나면 그 친구와 또 다른 관계를 맺기도 한다. 접근성에 의해 친해진 2명이 함께 지내다가 수가 너무 적은 것 같다는 생각이 들면, 성격이 무난해 보이거나 유사성이 있는 친구들을 추가하며 5~6명의 무리가 되기도 한다.

처음에 친구들이 열심히 탐색하며 무리를 지을 때, 친구에게 관심이 없거나 너무 내향적이거나 부끄러움이 많아서 누군가 다가왔는데도 거기에 반응을 보이지 못하는 아이들이 있다. 독특한 성향이 있거나, 또래 친구들의 발달단계보다 너무 빠르거나 너무 느리면 무리에 끼지 못하고 소외된다.

예를 들어 교실의 분위기를 이끄는 주류 아이가 있다. 그 아이가 주변을 둘러보다가 A라는 아이와 친구가 되고 싶어서 다가갔다고 해보자. 그런데 A라는 아이가 거절하거나, 자신이 원하는 반응을 보이지 않는다면 자존심이 상해서 적으로 돌아선다.

갈등의 가장 큰 문제, 질투

여자아이들끼리 가장 큰 문제가 되는 것이 질투다. 자신보다 너무 잘났다고 느껴지거나 나댄다고 느껴진다면 따돌리는 경우가 생긴다. 그렇다고 그 친구들의 눈치를 보면서 지낼 필요는 없다. 누구나 질투를 할 수 있다. 하지만 건강한 질투가 아닌, 다른 사람을 따돌리고 괴롭히는 이유로 질투하는 것은 그 사람의 마음이 건강하지 못한 것이다. 그래서 따돌림의 가해자였던 아이가 나중에는 따돌림의 피해자가 되는 경우도 많다.

무리에 끼기만 하면 문제가 없는 것일까? 그건 아니다. 무리 내의 친구끼리도 문제가 많다. 질투는 이미 형성된 무리 내에서도 문제가 된다. 무리 내에서도 갈등과 화해의 과정이 계속된다. 무리 내 누군가를 소외시키거나 이간질하거나 질투하면서 서로 상처를 주고받는다.

여자아이들의 복잡한 친구관계

무리에 머무르기 위해 속마음을 숨기기도 하고 친구를 의식해서 다른 친구에게 동조하기도 하며, 또 다른 약자를 이용하는 비겁함을 보이기도 한다. 그러다가 누군가는 떨어져 나와 새 무리를 만들기도 한다. 여자아이들의 친구관계는 정말 복잡하다. 그래서 꾸준한 관심과 대화가 필요하다.

무리 짓기에 어려움을 겪는 아이를 위해 부모가 도와줄 수 있는 것을 알아보자.

먼저 다가가는 법을 알려 준다

저학년일 때는 친구관계가 쉽게 맺어졌다 깨졌다 한다. 하지만 학년이 올라갈수록 나와 맞는 친구를 만나기가 쉽지 않다. 이미 생긴 무리에 끼는 것도 힘들다. 아이가 '난 친구 없어도 괜찮아! 친구 없는 게 편해!'의 생각을 가진 게 아니라면, 학기 초에 나와 잘 맞는 친구를 찾아보라고 권한다.

물론 이때도 중요한 건 아이의 성향과 기질을 존중해야 한다는 점이다. 다만 학기 초에 "작년처럼 친구가 없어 외롭지 않으려면 먼저 다가가서 말도 걸어 보고, 같이 놀자고 말하는 건 어때?"라고 권하거나 다가가는 방법을 알려 줄 수 있다. 학기 초, 대부분 새로 만나는 시기에 친구에게 먼저 다가가는 노력은 큰 효과를 볼 수 있다. 친구를 기다리기보다 친구관계를 위해 스스로 먼저 적극적으로 노력하게 돕는다.

'아니면 말고' 마인드를 키워 주자

친구를 만들기 위해 노력했지만 실패했다면 그것으로 애태우고 힘들어하기보다는 '그럴 수도 있지!', '나한테 맞는 친구가 언젠간 생기겠지.' 하는 쿨한 마음을 가질 수 있어야 한다. 학기 초에 또는 중간중간에 노력해 보고 안 되면 놓으라는 것이다.

날 싫어하는 사람이 있다는 건 속상한 일이지만 그런 친구관계에 일희일비하지 않아야 거기서 빨리 벗어날 수 있다. 특히나 여자아이들의 친구관계에서는 이유 없이 누군가를 싫어하고 따돌리는 경우도 많다. '왜 저 애들이 나를 싫어할까? 내가 뭘 잘못했지?' 하고 일일이 맞추려고 하면 스스로 너무 힘들어진다. 나의 가치는 타인의 반응이 아니라 내가 매긴다는 걸 기억하게 해 주어야 한다.

단호하게 거절하는 법을 알려 주자

배려는 좋은 마음이지만, 자기감정을 희생하면서까지 다른 사람의 감정을 배려하는 건 좋지 않다는 것을 알려 줘야 한다. 너무 친하면 서로의 부탁을 거절하기 힘들다. 하지만 선을 긋는 법, 거절하는 법을 알려 주고 진정한 친구라면 친구에게 피해가 갈 만한 부탁은 하지 않는 게 옳다는 것을 알려 준다. 특히 여자아이들에게 단호함에 대해 알려 주는 것은 동성의 친구관계뿐 아니라 이성 친구관계에서도 매우 중요하다. 이런 거절하는 법은 성인이 되어서 사회에서 자신을 보호하는 방법이 되기도 한다.

딸이 친구 문제에 대해 털어놓으면 부모가 가장 먼저 할 일은 잘했다고 칭찬하는 일이다. 실제로 아이들은 부모에게 혼날까 봐 혹은 속상해할까 봐 말을 하지 못하는 경우가 많다. 아이의 말을 진지하게 듣고 공감하는 것만으로도 큰 효과를 볼 수 있다.

이때 부모가 하고 싶은 말을 하는 것도 중요하고 말하지 않는 것도 중요하다. 훈계하고 싶어도 꾹 참고 잘 들어 줄수록 아이는 자기 이야기를 더 많이 털어놓을 것이다. 복잡한 친구관계를 극복해 나가는 게 쉽지 않다는 것을 부모가 인정해 주는 것만으로도 아이에게는 큰 힘이 된다.

담임 선생님과의 관계 만들기

    학교에서는 친구와의 관계도 중요하지만, 담임 선생님과의 관계도 참 중요하다.

    나 역시 선생님의 입장일 때와 학부모의 입장일 때, 그 관계를 바라보는 시선이 달라졌다. 학부모의 입장에서는 서운한 일이 선생님의 입장에서는 어쩔 수 없는 일이 되고, 학부모의 입장에서는 답답한 일이 선생님의 입장에서는 억울한 일이 될 때가 많았다. 그럼에도 불구하고 선생님과 학부모는 우리 아이를 키우기 위해 협력적 관계여야 한다는 사실에는 변함이 없다.

선생님과의
학부모 상담을 위한 팁

한 학기에 한 번씩 상담 기간이 있다. 1학기는 부모가 내 아이에 대해서 말하는 시간이라면, 2학기는 한 학기를 지내고 난 선생님이 아이의 학교생활에 대해 부모에게 이야기를 전달하는 시간이다.

학부모 상담에 가야 할지 말아야 할지를 고민한다면 아이와 부모의 상황을 살펴보면 된다. 아이가 별문제 없이 학교생활을 잘하고 있고, 부모가 상담을 할 만한 시간과 형편이 안 된다면 굳이 상담하지 않아도 된다. 상담 주간이 아니라 해도, 담임 선생님의 상담은 언제든 열려 있으니, 아이가 학교생활에 문제가 있거나 고민이 생기면 그때 해도 된다. 아이에게 특별한 문제는 없지만, 학교생활이 궁금할 경우도 마찬가지다. 아이에 대한 걱정과 고민이 있다면 언제든 상담하기를 추천한다.

학부모 상담에 가서 무슨 이야기를 하면 좋을까? 지금 걱정되는 아이의 상황을 그대로 이야기하면 된다. 상담하러 갈 때는 면담하고 싶은 내용을 미리 생각하고 시작하는 게 좋다.

"아이가 친구들과 잘 지내나요?"
"아이가 좋아하는 학습은 무엇인가요?"
"학교생활이나 학습에서 부족한 부분이 있나요?"

"가정에서 어떻게 지도해야 할까요?"

학습, 친구관계, 학교생활 등과 관련된 질문들을 편안하게 하면 된다. 집에서의 아이 모습도 이야기하고 특별히 선생님이 신경 써야 하는 부분이나 알아야 하는 부분을 말하면 된다.

학부모 상담을 하러 가면, 선생님 역시 가정에서의 아이 모습에 관해 물어 본다. 이때 아이의 장점만 말한다고 좋은 것은 아니다. 부모가 말하지 않아도 아이의 성격, 기질, 습관은 학교생활을 통해 어느 정도 보인다. 어떻게 하면 아이의 문제를 해결할 수 있는지에 초점을 맞추어 마음을 열고 상담하는 것이 좋다.

담임 선생님과 잘 지내는 법

담임 선생님에 대해 아이 앞에서 나쁘게 말하지 않기

담임 선생님마다 학급경영 방식과 가치관은 모두 다르다. 즉 중시하는 게 다르고 아이들의 행동에 대한 허용범위가 다르다. 부모는 담임 선생님이 어떤 성향인지 파악하고 아이가 학교생활을 잘할 수 있도록 이끌어 줘야 한다.

아이는 객관적으로 선생님의 장단점을 파악하기보다는 부모가 말하는 대로 담임 선생님을 바라보는 경우가 많다. 따라서 부모가 담임 선생님에 대해 좋지 않게 말하면 아이 역시 자기가 배우는 선생님을 신뢰하지 못하게 된다.

학부모는 선생님에게 끊임없이 사명감을 요구한다. 하지만 그 사명감은 존중받을 때 발휘된다. 아무리 담임 선생님이라도 인간인지라 장점도 있고, 단점도 있기 마련이다. 내 아이와 1년을 지낼 담임 선생님이라면 단점보다는 장점을 찾아보자. 예를 들어 글씨를 예쁘게 쓰는 것을 중시하는 담임 선생님이면 이번 연도는 글씨 예쁘게 쓰는 법을 배울 수 있는 기회라고 생각하고, 독서록을 중시하는 담임 선생님을 만나면 책을 읽고 글을 쓰는 것을 배울 수 있는 기회라고 생각하고 아이가 열심히 할 수 있게 도와주는 것이 좋다.

아이의 말은 꼭 확인하기

아이는 학교에서 있었던 일을 부모에게 전달할 때 대부분 자신에게 유리하게 말한다. 아이가 너무 어린 경우 앞뒤 상황의 맥락은 빼먹은 채 전하기도 하고 혼날까 두려워 자기 잘못은 친구나 상황 때문에 어쩔 수 없이 일어난 일이라고 말한다.

아이들끼리 다퉜을 때 나는 각자에게 종이를 주고 있었던 일을 모두 쓰라고 한다. 그러면 아이들은 "나는 정말 안 하려고 했는데 친구가 먼저 하자고 해서.", "나는 화를 조금 냈는데 친구가 먼저 욕을 해서.", "나는 살짝 밀었는데 친구가 세게 때려서."와 같이 자기 잘못을 최소화하는 모습을 보인다.

교실에서 친구끼리 싸우거나, 물건이 부서졌거나 누가 다친 경우 등 어떤 사건이 터졌을 때 보통 담임 선생님은 부모에게 전화해서 사건을 설명한다. 이때 어떤 부모는 자기 아이 말만 듣고 처음부터 공격적으로 반응하기도 하고, 선생님이 내 아이를 미워해서 내 아이만 잘못했다고 말한다고 생각하기도 한다.

선생님이 생각하기에 사소한 문제라고 판단해 사건의 전말을 전달하지 않을 때도 있는데, 그럴 때는 연락도 하지 않는다고 서운해하지 말고 전화해서 물어보면 된다.

어떤 사건이 일어났을 때 아이의 말만 듣고 아이 입장에서만 생각하지 말고 객관적인 사실을 파악하고 판단하는 게 중요하다.

담임 선생님과의 불만, 표현하고 받아들이기

실제로 담임 선생님이 너무 행동의 허용범위가 좁거나 엄격해서, 내 아이와 잘 맞지 않기도 한다. 학부모의 입장에서는 고민이 될 수 있다.

학교생활을 할 때는 무얼 하든 '안전', '건강'이 최우선이다. 그렇기에 아이들에게 조심 또 조심을 외친다. 그래서 아이들에게 '노는 것'을 허락하는 문제가 단순하지 않다. 왜냐하면 일단 허락하면 '노는 것'과 '놀지 않는 것'이 있을 뿐이지 그 중간단계인 '조심히 노는 것'은 없기 때문이다. 아이 한두 명이 노는 것과 수십 명이 한꺼번에 노는 것은 안전도에 있어 엄청난 차이가 생긴다. 더구나 요즘은 아이들도 받은 스트레스가 많다 보니 학교에서 그 스트레스를 분출하려고 한다. 그 때문인지 교직 경력이 오래된 선생님들은 하나같이 훨씬 많은 수의 학생을 지도했던 과거보다 학생 수가 줄어든 지금의 아이들을 지도하는 게 더 힘들다고 한다.

담임 교사로서 아이들이 이런 행동을 하면 어떤 일이 벌어질 수 있다는 가상의 시나리오가 머릿속에 그려지는 것이다. 그러다 보니 조금이라도 위험이 예상되면 허락하지 않는 쩨쩨하고 소심한 선생님이 될 수밖에 없는 것이다.

담임과 잘 맞는 학부모 되기

☐ 담임 선생님을 긍정적인 시선으로 바라보고 믿는다.
☐ 아이에게 담임 선생님에 대해 좋은 말을 한다.
☐ 아이의 이야기만 듣고 믿지 않고 담임 선생님에게 사실 관계를 묻는다.
☐ 가정통신문, 준비물, 숙제 등의 확인을 잘한다.
☐ 담임 선생님은 아이를 잘 키우는 목표를 함께하는 동행자라는 생각을 갖는다.

아이가 선생님과의 관계를 너무 힘들어한다면 담임 선생님과의 상담을 통해 해결책을 찾도록 해 보자. 이때 담임 선생님에게 따지는 뉘앙스보다는 가정에서 지도하는 데 도움이 되고 학년이 올라가면서 도움이 될 수 있도록 아이의 학교생활에 대해 구체적으로 상의하는 것이 좋다. 그리고 아이가 학교생활에 잘 적응할 수 있도록 도와달라고 부탁해 보자. 서운한 것이 있다면 '나-메시지'를 활용해 "선생님, 이러이러한 것은 조금 아쉬워 서운한 마음이 들었어요."라고 말해 보는 것이다.

나도 아이를 키우는 엄마인지라 학부모의 마음도 이해가 가지만 여러 명의 아이를 함께 지도해야 하는 담임 선생님의 마음도 이해가 되는 게 사실이다. 그래서 담임 선생님과의 상담이 아이를 위한 상담으로 끝났으면 한다.

선생님과 아이가 맞지 않을 경우, 아이가 선생님이나 주변의 어른들에 대해 불평할 때 그 말이 충분히 인정할 만하다고 생각되면 아이의 감정에 공감해 준다.

> "그래, 선생님의 그런 면이 너랑 안 맞을 수 있겠다. 엄마도 선생님이 싫을 때 있었어."

그러고 나서 살면서 나와 잘 맞는 사람, 편안한 사람만 만나는 건 아니라는 것을 알려 주면 된다. 불편한 사람을 만날 수 있으며, 거기에 맞게 살아가는 법을 배우는 기회라고 생각하면 된다.

"선생님 때문에 힘들겠지만 네가 잘 해결해 나갈 수 있을 거라고 믿고 있어. 모든 관계가 좋을 수는 없어. 어떤 사람을 알고 지내는 것은 그 사람의 장점은 즐기고, 실망스러운 면은 내가 맞추면서 살아가는 법을 찾아가는 것이기도 해. 엄마도 완벽한 사람이 아니기 때문에 너와 갈등이 일어날 때가 있고 엄마가 미울 때가 있잖아. 선생님도 마찬가지야."

또한 선생님에게 인정받지 못했다고 해서 나쁜 아이가 되거나 자존감이 낮은 아이가 되어서는 안 된다.

"사람마다 기준이 다르고 생각하는 방식이 달라. 그래서 선생님이랑 네가 안 맞을 수 있지만 그렇다고 해서 엄마는 네가 나쁜 아이라고 생각하지 않아. 넌 소중한 아이고 훌륭한 아이야."

선생님들이 학부모에게 바라는 점은 단 하나, 바로 신뢰다. 가능하면 학부모가 교사의 말을 믿어 주기를 바란다. 나 역시 마찬가지다. 많은 선생님이 학교 현장에서 굉장히 노력하고 있다. 선생님과 학부모는 아이를 위한 동행자라는 생각으로 함께해 나가면 우리 아이가 즐거운 학교생활을 할 수 있을 것이다.

Q&A ... 친구관계 고민

Q. 아이에게 단짝 친구가 없어요.

A. 아이에게 단짝 친구가 없다는 고민은 늘 있는 사연이다. 딱히 따돌림을 당하거나 친구가 아예 없지는 않지만, 단짝이 없는 것 같아 신경 쓰이는 경우다.

덩치는 크지만, 항상 자신감이 없고 목소리도 작은 진호는 산만하기까지 하다. 학습도 부진하다 보니, 자신감이 더 떨어지는 듯했다. 남자아이들의 친구관계 유형에서 마음이 여린 대표적인 만만한 유형의 아이다. 짝 활동이 있을 때면 일부러 진호와 결이 비슷한 대현이와 짝을 이뤄줬다. 그랬더니 둘은 급속도로 친해졌고, 단짝이 생겨 자신감이 생긴 진호는 목소리까지 커지는 효과가 나타났다.

단짝 친구란 '항상 같이 다니며, 속마음을 털어놓을 수 있고 무슨 일이든 의논할 수 있는 친구'를 의미한다. 친구 수가 많고 적은 것보다는 단짝 친구가 있느냐 없느냐가 친구관계의 만족도에 더 큰 영향을 미친다는 것이 여러 연구를 통해 보고 되었다. 즉 또래 그룹에서 잘 어울리지 못하는 아이라도, 단짝 친구와의 관계에서 즐거움을 경험한다면 자신의 사회적 세계에 만족한다는 것이다. 단짝 친구가 있으면 안정감을 얻을 수 있다. 이는 부모와의 상호작용을 통해 얻을 수 있는 안정감과는 다른 종류의 안정감이다. 그로 인해 학교생활이 더 즐겁고 안정적일 수 있다. 하지만 단짝 친구가 반드시 있어야 하는 것은 아니다. 더구나 없는 단짝 친구를 억지로 만들어 줄 수는 없다.

단짝이 없다고 반드시 외로운 것은 아니다. 친구들과 지내는 데 별다른 문제가 없고, 아이가 굳이 친구를 필요로 하지 않는다면 부모가 걱정할 필요는 없다.

지금 단짝이 없다고 해서 영영 생기지 않는 것은 아니다. 어느 순간 마음이 맞아서 단짝이 되기도 한다. 억지로 만들려고 잘 맞지 않는 친구와 친하게 지내다가는 오히려 상처받고 탈이 나는 경우도 많다. "내가 괜찮은 사람이 되어 있으면 맞는 친구는 언제든 생긴단다."라고 말해 주자.

Q. 친구들이 홀수일 때 자꾸 혼자가 돼요.

A. 같이 어울리는 친구들이 홀수라면 누군가 한 명은 늘 혼자 되는 경우가 생긴다. 특히 3명이 가깝게 지내다 보면 꼭 2명의 관계가 더 가깝고 나머지 1명은 소외된다. 언제부턴가 '나'를 뺀 둘만 더 많

이 다니고 더 많이 대화한다. 그렇다고 다른 무리에 끼는 것도 애매한데, 그대로 무리 속에 있자니 소외감이 느껴져서 힘이 든다. 만약에 2명이 1명을 괴롭히는 상황이라면 적합한 방법을 골라 행동을 취해야 하지만 특별히 괴롭히는 것이 아니라면 지켜볼 수밖에 없다.

교실에서 관찰해 보면, 이런 경우 상처를 받다가 나름의 생존 방법을 찾는다. 혼자 노는 다른 친구를 찾아서 단짝이 되거나 다른 친구 한 명을 무리에 영입시키기도 한다. 아니면 자신이 다른 홀수 무리에 들어가기도 하거나 시간이 지나서 다시 그 둘과 친해지기도 한다.

친한 친구 무리가 홀수일 때, 내 아이만 자꾸 혼자가 되는 상황은 마음 아프지만 사실 부모가 해 줄 수 있는 일은 없다. 이런 다양한 친구관계 속에서 아이는 기뻐하기도 하고 상처받기도 하면서 성장하는 중이다. 그러니 힘든 마음에 공감하고 안아 주면 된다.

Q. 자꾸 고자질해서 걱정이에요.

A. 저학년 교실에서는 학생들의 고자질이 많다. 사실 특정한 1명이 아니라, 아이들은 대부분 선생님에게 고자질을 한다. 물론 선생님께 반드시 알려야 하는 사항을 말하는 것은 고자질이 아니다.

어떤 아이의 경우는 지나치게 많은 고자질을 하느라 친구들과 즐겁게 놀 시간마저 부족할 때도 있다. 그러다 보니 "쟤랑 놀면 별것도 아닌 걸로 선생님에게 일러서 놀기 싫어요." 하는 볼멘소리까지 나온다. 이 정도가 되면 친구들과의 관계 문제로 번질 수 있다. 따라서 과도하게 자주 고자질한다면 그 이유를 살펴보는 것이 필요하다.

아이들이 고자질하는 이유는 크게 세 가지로 생각해 볼 수 있다.

첫 번째는 어른에게 알리는 것을 의무라고 생각해서다. 아이들 중에는 어른의 규칙을 따르는 데 민감하고 그것을 어기면 큰일난다고 생각하는 아이들이 있다.

두 번째는 자신이 착한 아이임을 인정받기 위해서다. 이런 아이는 다른 친구가 규칙을 지키지 않을 때, 자신은 그러한 행동을 하지 않았다는 것을 은근히 내보이고 싶어 한다. 교실에서 금지된 행동을 하고 싶지만 참고 있었는데, 친구가 하는 것을 발견하면 친구에게 질투가 나기도 하고 손해를 보는 기분이 들기도 하는 것이다. 이는 규칙을 지켜야 하는 것과 즐거움을 누리고 싶은 욕구가 충돌이 일어나서다.

세 번째는 목적 없이 습관적으로 하는 고자질이다. "선생님, 쟤 편식해요.", "선생님, 쟤 코 파요." 처럼 나와 별 상관없는 고자질을 할 때도 있다. 문제를 해결할 필요도, 알릴 이유도 없는 일이지만 습관적으로 고자질한다.

아이가 주로 어떤 내용을 고자질하는지 살펴보고, 상황에 따라 다음의 해결책을 활용해 보자.

고자질과 알림을 구별해 주자

고자질의 사전적 의미는 '남의 잘못이나 비밀을 일러바치는 것'이다. 아이가 고자질하는 이유를 살펴보는 것이 가장 필요하다. 단순한 고자질인지, 선생님의 중재를 요청하는 순수한 정보를 제공하는 것인지 살펴야 한다. 단순히 고자질을 자주 하는 아이에게는 다음과 같이 말한다.

"고자질하기 전에 선생님께 꼭 알려야 하는 건지 아닌지를 생각해. 선생님의 도움이 필요할 때나 안전과 관련된 중요한 것일 때는 꼭 말을 해야 돼 꼭. 그런데 그게 아니라면 내가 그냥 친구를 깎아내리기 위한 건 아닐까 생각해 봐. 네가 너무 자주 선생님한테 이르면 친구들도 너와 노는 것을 좋아하지 않을 수도 있어."

친구의 잘못이 내게 피해를 주는 건 아닌지 생각해 본다

아이가 규칙을 너무 절대적으로 생각하거나 습관적으로 고자질한다고 생각되면, 아이에게 "친구의 잘못이 어떤 면에서 너에게 문제 되니? 어떤 점에서 불편하니?"라고 물어본다. 그리고 "네게 오는 피해가 없거나 심하지 않다면 무시하는 것도 방법이야."라고 말해 준다.

교육학자 피아제(Jean Piaget)의 도덕성 발달 이론의 첫 번째 단계가 타율적 도덕 단계다. 이 단계는 만 7~8세 이전의 아이들에게서 발견된다. 이때의 아이들은 사회적 정의와 규칙이 외부의 절대자에 의

해 규정된 것으로, 바꿀 수 없다고 생각한다. 따라서 이 단계의 아동들은 옳고 그름을 판단할 때 규칙 자체를 신봉하여 그 규칙을 지켰느냐 그렇지 않느냐의 단순한 논리로 사고한다. 하지만 10세 이후에는 도덕적 규칙은 변할 수 있는 것임을 이해하는 자율적 도덕 단계가 된다.

저학년 아이가 고자질하는 이유는 규칙을 지키지 않는 친구들을 보았을 때 선생님에게 이야기하는 게 옳다고 생각하기 때문이라고 유추할 수 있다.

아이들은 성장하면서 고자질이 줄어든다. 고학년이 되면 오히려 필요한 말도 하지 않아서 문제가 되는 경우가 더 많다. 아이가 고자질을 많이 한다는 건 시간이 지나면 자연스럽게 해결되는 문제일 수 있다. 그러나 적절하게 활용하는 방법을 배운다면 학교생활에 큰 도움이 될 것이다.

Q. 친하게 지내던 친구가 갑자기 아이를 모른 척한대요.

A. 친구는 모른 척하는 것으로 자신의 감정을 표현하고 있다면 내가 기분이 나빴던 점을 솔직히 말하고 서로 조율하는 것이 이상적이지만 그런 성숙한 방식은 성인도 힘들 때가 있다. 먼저 모른 척하는 이유를 생각해 보자.

첫째, 성숙한 갈등해결 방식에 익숙하지 않아서
둘째, '모른 척'하는 것으로 상대에게 상처를 주려고
셋째, 말하고 싶지 않아서
넷째, 기분이 나쁜 이유를 직접 말하면 이미지가 나빠져서

이럴 때는 친구에게 가서 "나한테 기분 나쁜 거 있니?"라고 먼저 물어보고 대화를 해 보라고 권하자. 대화가 잘 되어서 기분이 풀린다면 좋지만, 친구가 대화를 거부할 수도 있다. 사실 이런 경우는 어쩔 수 없다. 노력해도 안 되는 것이 타인의 마음이기 때문이다.

시간이 지나서 다시 별일 없다는 듯이 좋은 관계로 돌아갈 수도 있고, 그냥 멀어질 수도 있다. 당장 마음을 열지 않는 상대에게 애써 너무 에너지를 쏟는 건 내 아이에게 또 다른 상처가 될 수 있다.

"친구가 모른 척하다니 기분 상했겠다. 친구한테 가서 혹시 기분 나쁜 점이 있었는지 물어보고 친구가 말하지 않으면 다른 친구와 놀자. 친구가 기분이 풀어지면 다시 이야기해 볼 수 있을 거야. 그렇지만 친구가 기분이 계속 풀리지 않을 수도 있어."

혹시 문제가 해결되지 않더라도 아이 탓이 아니라는 것을 알려 주는 게 좋다.

**Q. 자꾸 아이를 때린다는 친구, 같이 때리라고
 하고 싶어요.**

A. 아이가 친구에게 맞고 돌아온다면 부모로서 속상한 건 말로 표현할 수가 없다. 마음 같아서는 "너도 같이 때려!" 하고 싶지만, 차마 그럴 수 없기에 더 화가 난다.

하지만 아이에게는 괴롭히는 친구를 결코 가만히 두어서는 안 된다고 말해야 한다. 하지 말라고 강하게 표현하고, 담임 선생님께 도움을 청해야 한다. 그리고 나의 감정을 처리하기 위해서 유용한 '미움의 기술'을 알려 주자.

다음은 언제인가 신문 기사로 실렸던 글이다. 너무 인상 깊어서 내 아이에게도 알려 주려고 메모해 두었다.

"엄마 생각에 미움이라는 감정은 똥이랑 비슷한 거 같아. 인간이 살아 있는 한 똥은 계속 생겨나. 그걸 막을 순 없어. 그렇다고 똥을 아무 데서나 막 누면 안 되겠지? 그럼 온갖 데 다 튀고 냄새가 날 거 아냐? 네가 급하다고 해서 다른 사람한테 네 감정의 오물이 튀게 할 권리 같은 건 없어. 누가 밉다고 다른 사람한테 흉보고 같이 미워하자고 하는 짓은 절대 안 돼. 폭력이야. 하지만 똥을 참으면 배가 아프고 신경이 쓰여서 다른 일에 집중할 수가 없는 것도 사실이잖아? 그러니까 조용히 재빨리 누고 깔끔하게 처리하고 오는 게 좋아. 그래야 편안한 속으로 맛있는 것 또 먹고 즐겁게 하루를 보낼 수 있으니까."

가만히 듣던 아이는 고개를 끄덕이더니 진지한 얼굴로 물었다.

"그런데 어디 가서 눠? 미움이 똥이라면 화장실은 어디야?"

나는 잠시 생각하다 말했다.

"네 마음! 네가 좋아하는 것에 집중하고 즐거워하는 네 마음. 네 마음이 의미와 보람을 찾으면 미움 같은 건 금방 잊어버리게 돼. 그렇게 잊고 있다 보면 싫어하던 친구의 좋은 점을 자연스럽게 발견할 수도 있고!"

'미움'이라는 감정을 잘 처리하는 방법을 꼭 알아야 한다. 미움이라는 감정이 절대 나쁜 것이 아니라 당연한 감정이라는 것을 알려 주고, 그런 부정적인 감정이 생겼을 때 처리하는 나만의 방법을 찾을 수 있게 해 줘야 한다. 복수심에 때리라고 가르치는 건 당장 분노의 표출은 될지 모르지만, 근본적인 해결은 되지 못한다. 나만의 해결방법이 있다면 그걸 알려 주어도 좋다.

"한숨 자고 일어나면 엄마는 훨씬 좋더라. 엄마가 좋아하는 책을 집중해서 보고 나면 다시 기분이 좋아지고 말이야. 속상하고 친구가 미운 마음을 엄마한테 말해도 돼."

Q. 아이가 엄마 마음에 들지 않는 친구와 어울려요.

A. 교실에서 아이들을 보면 끼리끼리 어울리는 경향이 있다. 학기 초에는 개별적으로 움직이다가 어느 순간 신기하게도 끼리끼리 뭉쳐 있다. 간혹 겉으로 보기에 비슷한 점이 없어 보이는 그룹도, 자세히 보면 통하는 게 있다.

부모가 보기에 별로인 친구와 아이가 함께 어울린다는 건 그 친구와 뭔가 비슷한 게 있다는 것이다. 마음의 상처가 비슷하거나 자존감이 비슷하거나 대화방식이 비슷하거나 흥미가 비슷하다거나 따위의 눈에 보이지는 않지만 통하는 게 있다는 말이다. 또는 권력을 가진 친구와 어울리면서 함께 교실의 주류가 되고 싶어서일 수도 있다. 아이의 인정 욕구와 친구의 권력이 맞아떨어진 것이다. 그러니 서로 맞지 않으면 친구가 될 수 없다는 것을 먼저 인지해야 한다.

부모가 아이의 친구관계에 문제가 있다고 느끼면, 그 친구와 어울리면서 우리 아이가 변했다는 생각이 든다. 하지만 그 친구를 비난하며 앞으로 어울리지 말라고 한다고 해서 아이는 그 친구와 멀어지지 않는다. 오히려 친구를 비난하면 자신을 비난한다고 생각한다. 부모가 말하는 친구의 나쁜 점이 아무리 타당하고 논리적이어도 아이는 받아들이지 못한다. 그러니 결국 부모와의 관계만 악화될 뿐이다. 7~9세 아이라면 그나마 부모의 말을 들어 보려고 하지만 이미 사춘기가 시작되었다면 듣지 않을 것이다. 그렇다고 포기하고 방관할 수는 없는 문제다. 부모가 할 수 있는 방법을 몇 가지를 알아보자.

관심을 갖고 있다는 안정감을 계속 준다

"문제가 생기면 언제든지 말해 줘. 엄마, 아빠는 너를 혼내고 비난하려는 게 아니라 항상 도와주고 싶어."

어릴 때부터 부모님과 충분히 대화하고 정서적 안정감을 느낀다면 친구와의 관계에 집착하는 정도가 줄어들 것이다.

관계는 존중하지만 원칙은 분명히 한다

"아빠는 너를 믿어. 어떤 친구를 사귀고 어떤 친구와 놀지는 네가 선택하는 거니까 존중해. 그래도 아빠로서 너와 친구들이 이런 일만큼은 하지 않았으면 하는 것에 대해서 같이 이야기를 나누고 싶어."

걱정되는 친구와 놀면서 염려되는 부분을 우회적으로 표현하는 방법이다. 아이의 선택을 존중하는 것과는 별개로, 하지 말아야 할 일에 대한 원칙은 분명히 하는 것이 좋다. 이런 이야기는 엄마나 아빠 둘 중 한 명이 맡아서, 집이 아닌 좀 더 부드러운 분위기 속에서 하면 더 좋다.

새로운 관계의 통로를 만들어 주자

부모의 마음에 들지 않는다고 친구와 억지로 떨어뜨려 놓으려 하지 말고 새로운 친구들을 만날 수 있는 기회를 만들어 준다. 다니던 학원을 옮긴다거나, 새로운 학원을 추가한다거나, 다른 친구와 놀이터에 나가서 노는 시간을 만들어 보는 방법도 있다. 내 아이가 문제가 아니라면 새로운 친구와 노는 게 재미있다고 느껴, 자연스럽게 멀어질 수도 있다.

바른 가치관과 신념을 심어 주자

관계에도 궁합이 있다. 자신의 신념이 희미하거나 자기 세계가 발달하지 못한 사람들은 다른 사람의 영향을 더 많이 받는다. 아이가 다른 친구에게 영향을 많이 받는다고 생각되면 좋은 가치관과 신념을 아이 스스로 세울 수 있도록 해 주자. 함께 좋은 영화를 보고, 좋은 책을 읽고, 좋은 이야기를 나누는 시간을 통해 스스로 자신의 가치관을 키우도록 유도해야 한다. 아이는 커가면서 자신의 가치관이 제대로 잡히면 친구에게 영향받을 것과 아닌 것을 스스로 선택할 수 있게 된다.

Q. 너무 내향적인 우리 아이, 친구관계를 힘들어 해요.

A. 학교에서 새 친구에게 다가가기를 힘들어한다면 집에서 역할 놀이를 통해 미리 연습해 본다. 엄마와 연습한 친구 사귀기를 연극 하듯이 학교에 가서 다시 해 본다. 불안도가 높은 아이들은 시뮬레이션을 통해 상상의 경험을 하면 불안도를 낮출 수 있다. 거절하는 것도, 부탁하는 것도 연습해 보자. 연습한다고 바로 나아지지는 않을 수 있지만 조금은 나아질 것이다.

내향적인 아이들은 무리에 섞이기를 어려워할 수 있다. 그러니 친구들과 모일 때, 아이가 먼저 도착해 다른 친구들이 차차 합류하는 상황을 만들어 주는 게 좋다. 친구들이 모두 모여 있는 상황에서 아이가 들어가는 것보다 훨씬 편하게 상황을 받아들일 수 있기 때문이다.

친구에게 먼저 다가가서 사귀는 것에 대한 두려움이 큰 아이는 경험을 통해 두려움을 줄이는 노력이 필요하다. 경험이 쌓일수록 불안감이 줄어들고 사회적 기술도 배워 갈 수 있다. 커 가면서 자신만의 방법도 생기면 조금 더 쉽게 친구를 사귀게 된다.

Q. 친구와 놀 때 꼭 필요하다며 스마트폰을
사 달라고 해요. 사 주어야 할까요?

A. 요즘은 스마트폰이 없는 아이들이 거의 없다. 대체로 저학년 때는 키즈폰을 가지고 다니다가, 3학년에서 5학년 사이에 스마트폰으로 바꾼다. 스마트폰으로 유튜브 영상을 보는 경우가 많고, 남자아이들은 주로 게임을, 여자아이들은 SNS를 많이 한다.

수업이 끝나자마자 학교 곳곳에 옹기종기 모여서 게임을 하고, 놀이터에 가도 모여서 스마트폰에 코를 박고 게임을 하는 아이들이 많다. 이런 분위기다 보니 친구들끼리 게임 이야기, SNS 이야기하고 있으면 당연히 끼고 싶을 것이다. 게다가 친한 친구들이 다 하고 있다면 더 갖고 싶을 것이다. 하지만 스마트폰을 사 주는 것은 정말 신중하게 생각해야 한다. 스마트폰을 아이에게 준다는 건 합법적인 마약을 주는 것이나 마찬가지기 때문이다. 스마트폰을 사 주고 싶지 않아도 모든 부모의 마음이 약해지는 순간은 있다.

"딴 애들은 다 스마트폰 있단 말이야. 나만 빼고 단톡 해. 나만 왕따 당하는 것 같아."

내 아이만 스마트폰이 없어서 소외되고 있다는 소리를 들으면 당장이라도 사 줘야 할 것 같아 그동안의 신념이 흔들린다.

그렇다면 스마트폰 없이는 정말 친구와 어울리기 어려울까? 스마트폰이 좋지 않다는 것은 모두가 알고 있다. 교실에서 보면 짝지어진 무리마다 분위기가 다르다. 스마트폰 없이도 상관없는 무리가 있고, 유독 스마트폰을 많이 하는 무리가 있다. 학교생활 잘하고, 오프라인에서 친구와 잘 지낸다면 스마트폰이 없다고 친구관계에 문제가 생기지는 않는다. 스마트폰이 꼭 필요하다는 것은 그냥 게임하는 무리에 속해 있거나 들어가고 싶은 것이다.

스마트폰을 갖는 시기는 최대한 늦추는 것이 좋다. 아이와 합의를 통해 '5학년은 되어야', '중학생은 되어야' 하는 식으로 시기를 정한다. 필요하다면 통화, 문자 정도만 되는 스마트폰을 사용하다가 중학생 이후에 사 주는 것이 가장 좋다. 엄마 마음 같아서는 대학생 이후에 사 주고 싶다.

Q. 스마트폰을 끼고 살아서 걱정이에요.

A. 스마트폰을 손에서 놓지 못하고 친구와의 단톡방에 집착하는 아이는 사실은 스마트폰 중독이 아니라 관계에 대한 불안이다. 친구가 없는 것도 걱정이지만 친구관계에 지나치게 의존하고 집착하는 것도 문제다.

스마트폰이라는 새로운 매개의 등장으로 친구관계의 또 다른 형태가 생겼다. 스마트폰을 갖게 되며 주류 친구관계에 속했다고 느끼기도 하고, 교실에서는 용기 내기 힘들었는데 SNS를 통해 '좋아요.'를 누르고 댓글을 달면서 그 친구들과 친해졌다고 느끼기도 한다. 단톡방에서 흘러가는 대화에 참여하지 못하는 게 두려워서 스마트폰을 손에서 놓지 못한다. 이렇게 친구관계에 대해 불안감을 느낄 때, 아이는 스마트폰 SNS에 더 집착하고 더 의존하게 된다.

아이가 스마트폰을 내려 놓는 시간을 만들어야 한다. 아이의 이야기를 충분히 듣고, 가족과 함께하는 시간을 일정하게 가져 보자. 그리고 단톡방 대화에 참여하지 않아서 나를 소외시키는 친구라면 좋은 관계가 아님을 알려 주자. 단톡방에 꼭 참여하고 싶다면 부모님 스마트폰이나 집에 있는 컴퓨터로 카톡에 참여하는 정도로 합의를 보는 것도 방법이다.

Q. 스마트폰 사용 시간을 통제하고 싶어요. 어떻게 하면 좋을까요?

A. 아이들이 스마트폰을 가장 많이 갖기 원하는 때가 4학년 이후이다. 아이가 스마트폰을 원하는데 부모님이 사 주지 않아 관계가 악화

되고, 더 이상 아이의 반발을 피하기 힘들 정도라면 '선택적인 허용'이 필요하다. 스마트폰을 주지만 절제하는 힘을 길러 주어야 한다. 스마트폰을 사주기 전에 규칙을 정하고, 일관되고 단호하게 그 규칙을 지키는 것이 중요하다. 나중에 일이 잘못 되어갈 때 부랴부랴 규칙을 도입하는 것보다, 처음부터 강력한 규칙을 정하고 이행하다가 서서히 풀어 주는 편이 훨씬 쉽다. 예를 들어 '스마트폰 사용 계약서'를 쓰는 것도 도움이 된다. 스마트폰을 사기 전에 아이와 계약서를 작성하는 것이다. 이미 샀다고 해도 늦지 않았다. 지금이라도 규칙을 정하자.

고학년이 되어도 스마트폰을 갖고 있지 않은 경우도 있다. 아이들에게 불만이 없냐고 물어보면 대체로 언제쯤 살 수 있다는 합의가 되었기 때문에 큰 불만은 없다고 한다. 이렇게 할 수 있는 이유는 그동안 좋은 권위를 계속 쌓아 와서이다.

권위적인 부모가 되어서는 안 되겠지만 권위 있는 부모는 되어야 한다. 아이에게 자신의 규칙을 일방적으로 강요하고 너무 엄격하며 아이의 말을 듣지 않고 자기 생각대로 아이가 움직여야 한다고 생각하면 '권위적'인 것이다. 하지만 아이에게 할 수 있는 일과 해서는 안 되는 일에 대해 적절한 한계를 설정하고 그 안에서 자유로운 선택권을 주어야 권위 있는 부모이다.

허용해야 하는 행동과 금지해야 하는 행동의 한계를 부모로서 소신과 줏대에 맞춰 설정하고 울타리를 만들어야 한다. 울타리가 너무 좁으면 아이들은 답답해 하고 울타리가 없으면 불안해 한다. 그 안에서 뛰어놀고 있다는 생각이 들지 않을 만큼의 안정감이 느껴지는 울타리를 만들어 놓고 아이가 익혀야 할 규칙을 알려 준다. 울타리의 크기는 작게 시작해 점점 넓어져야 하지만 꼭 있어야 한다.

좋은 권위를 가진 부모는 아이에게 따뜻하면서도 원칙과 규칙이 있다. 이러한 권위를 계속 쌓아 왔다면 사춘기 때도 아이는 부모 말을 잘 듣고 관계가 나쁘지 않다. 그 바탕에 충분한 믿음과 사랑을 전달했다면 규칙을 정하고 지키는 것도 익숙할 것이다. 충분히 믿고 지지하는 모습을 보여 주되 스마트폰에 있어서는 분명하게 지켜야 할 것이 있음을 알려 주자. 부모도 합의된 규칙을 지키는 노력을 계속해 나가는 모습을 보여 줘야 한다.

4부
학습독립

저학년의 공부,
삶을 지탱하는 힘

"공부를 잘하는 아이는 공부만 잘하는 게 아니야. 어쩌면 그렇게 자기 할 일을 똑 부러지게 하고 예의도 바른지 모르겠어."

많은 선생님이 하는 말이다. 그리고 슬프게도 나 역시 그렇게 느낄 때가 많다. 아이들은 한 명 한 명, 모두 장점이 있고 잘하는 게 다르기 마련이다. 하지만 공부를 잘하는 아이가 다른 것도 잘하는 경우가 많은 이유는 공부를 잘하는 것은 비단 머리가 좋다거나 시험 보는 기술이 좋다는 것만 의미하지 않기 때문이다.

공부를 잘한다는 것은 놀고 싶고, 딴짓하고 싶은 욕구를 참고 공부하는 절제력을 갖고 있다는 것을 의미한다. 절제력이 높으면 생활습관도 훌륭할 수밖에 없다. 절제력은 아이들의 교실 생활 곳곳에서 힘을 발휘한다. 일단 친구들과의 관계에서도 감정적으로 욱하지 않고 차분하게 자신의 감정을 전달할 수 있기 때문에 갈등을 잘 풀어 나가게 한다. 놀고 싶어도 자신이 해야 하는 학습지나 모둠 활동을 끝까지 하고, 친구들과 재미있게 하던 놀이도 공부할 시간이 되면 정리하고 자기 자리로 돌아오게 한다. 전반적으로 자기 절제가 잘 되는 아이들은 학교생활이 정돈되어 있다. 그러니 수업시간에 집중도 잘한다.

7~9세는 본격적인 학습이 시작되는 때는 아니다. 그래서 교과내용이 그다지 어렵지 않다. 초등 입학을 대비해서 무엇을 해야 하냐고 묻는다면 그저 간단한 덧셈, 뺄셈 정도 할 줄 알고, 쉬운 한글 문장을 읽을 수 있으면 된다고 말한다. 입학해서도 초2까지의 학습은 그다지 어려운 내용이 아니다. 그렇다고 손 놓고 가만히 있어도 된다는 뜻은 아니다. 이때야말로 학습습관을 만드는 첫 시기이자 끝까지 잘 할 수 있는 마인드를 만드는 중요한 시기이기 때문이다.

학습습관이 만들어지면 학교생활도 즐겁다. 첫 학교생활에 대한 즐거운 감정은 계속 이어진다.

공부습관의 시작

 공부습관을 기른다는 것은 매일 방과 후 똑같은 일을 반복하게 해서 습관으로 정착시킨다는 의미다. 처음에는 매일매일 해야 할 일을 하는 것이 중요하다. 그렇다고 부모가 계속해서 명령 형태로 시켜서 한다면 아이는 자율성을 키울 수 없다. 부모는 아이가 자신의 공부에 주인의식을 가지면서 시키지 않아도 공부하는 아이가 되기를 바란다. 하지만 시키지 않아도 처음부터 공부하는 아이는 거의 없다. 알다시피 세상에는 공부 말고 재미있는 일이 너무 많다. 그럼 어떻게 해야 공부를 시작하게 할까?

 '학습동기'는 자발적으로 공부하려는 상태다.

 많은 부모가 이렇게 묻는다.

"제가 아이에게 공부해야 하는 이유를 설명해 줘도 공부 동기가 생기지 않나 봐요. 어떻게 하면 공부하는 동기가 확 생길 수 있을까요?"

학습동기는 공부해야 하는 이유를 설명해 준다고 생기는 게 아니다. 학습동기는 두 가지가 있다. 내재적 학습동기와 외재적 학습동기다. 내재적인 학습동기는 정말 공부하는 게 즐거워서 하는 것이다. 공부하면서 만족, 재미를 느끼는 것이다. 외재적 학습동기는 공부 자체가 즐거워서라기보다 엄마한테 칭찬받으려고, 보상을 받으려고, 벌을 받지 않으려는 외적인 요인 때문에 공부하는 것이다. 내재적 동기든 외재적 동기든 아무것도 없는 상태인 무동기도 있다.

사실 아이들이 공부하는 이유는 간단하다. 바로 '인정' 때문이다. 어릴 적 부모의 반응에 따라 아이는 자아상을 만든다. 꾸중하면 '이 행동은 하지 말아야 하는구나.' 하고 조심하고, 칭찬해 주면 '이렇게 하면 엄마, 아빠가 좋아하는구나.' 하고 더 하려고 한다.

공부 역시 처음에는 엄마, 아빠에게 잘 보이기 위해서 하기 시작한다. 공부를 잘하면 엄마, 아빠가 기뻐하고, 게다가 선물도 사 주고, 칭찬도 듣게 되니 열심히 공부한다. 물론 혼나서 어쩔 수 없이 공부하기도 한다. 이런 과정에서 성공 경험을 하게 되면, 습관으로 만들어 지게 되고 '나는 공부를 잘하는 아이'라는 자아상을 가지게 된다. 그 이후부터는 자아상을 충족시키기 위해 공부한다. 꿈, 미래에 대한 희망은 이런 경험이 지속되어 아이가 성숙해진 뒤에야 눈에 들어온다. 아이가 처음부터 공부의 재미를 느끼고 나의 미래를 위해 공부하기를 바란다면 너무 큰 욕심이다.

그럼 아이가 공부하게 하려면 어떻게 해야 좋을까?

- 조금만 잘해도 엄청 잘한다고 띄워 준다.
- 작은 성공 경험을 자주 만들어 줘서 공부를 잘할 수 있는 아이라는 자아상을 만들어 준다.

외재적 동기가 나쁜 것만은 아니다. 외재적 동기로 인해 공부를 시작했더라 하더라도 공부하다 보니 재미있어져서 내재적 동기로 옮겨갈 수 있다. 일단 공부를 시작하기 위해서는 적절한 외재적 동기를 이용하는 게 좋다.

칭찬을 자주 하고, 함께 계획을 세워서 계획을 다 이행하면 보상도 해 준다. 물론 아이 공부를 위해 이렇게까지 해야 하나 싶을 때도 있다. 스스로 목표가 생기는 것은 성인이 되어서도 쉽지 않다. 7~9세는 매일 많지 않은 양이라도 꾸준히 공부하는 습관을 만들어야 한다.

공부습관의 첫걸음, 계획

자기주도 학습이라는 게 아이를 책상에 앉게 하면 자동으로 공부해 나가는 게 아니다. 정확한 자기주도 학습의 정의는 스스로 상세한 공부 계획 및 목표를 세우고 학습한 후에 평가까지 하는 것을 의미한다. 즉 자기주도 학습을 할 줄 안다는 것은 다음과 같다.

첫째, 스스로 학습계획을 세울 줄 안다.
둘째, 공부한다.
셋째, 공부한 것 중에서 내가 부족한 부분을 알아차린다.
넷째, 부족한 부분을 보완하기 위해 다시 계획을 세운다.
다섯째, 계획한 것을 다시 공부한다.

즉 계획→공부→피드백→계획→공부→피드백의 과정이 계속 반복되어야 한다. 그럼 우리는 무엇부터 해야 할까? 당연히 계획을 세우는 것부터 해야 한다. 자기 성향에 계획이 맞지 않은 사람도 있고, 과한 계획은 오히려 동기를 떨어뜨리기도 한다. 계획의 세세함 정도는 개인에 따라 달라질 수 있지만 자신의 현재 위치와 미래 목표를 알고 노력의 방향을 정하는 것은 필요하다. 이런 것은 학교에서 가르쳐 주는 것도 아니고, 학원에서 알려 주는 것도 아니다.

자꾸 연습하다 보면 아이도 '계획이라는 건 이렇게 세우는구나.'라는 것을 알게 된다. 계획 세우기를 꾸준히 초등 6년 동안 연습하다 보면 장기적으로 공부를 바라보는 시선과 목표의식이 생겨 실제 학습시간도 늘어난다. 남과 비교하기보다는 과거의 나 자신과 지금의 나 자신을 비교하면서 향상을 위해 노력한다. 공부 계획 세우는 것은 나 자신을 아는 과정이다. 왜냐하면 내가 부족한 것을 알아야 계획을 세울 수 있기 때문이다. 바로 '메타인지'를 기르는 방법 중 하나로 자기주도 학습의 핵심이다.

물론 7~9세에는 '오늘 해야 할 일을 오늘 반드시 한다.', '매일 내가 해야 할 공부가 있다.' 정도를 느끼고 실천하겠다 정도면 충분하다.

스스로 계획을 세워서 공부하는 것, 이것이 초등학교 때 아이에게 길러 줘야 하는 가장 중요한 공부의 목표이다.

체크리스트부터 시작하자

공부 계획과 관련해서 가장 먼저 할 일은 체크리스트를 쓰는 일이다. 체크리스트는 해야 할 일을 간단하게 쓰는 것이다. 수첩에 해도 좋고 달력에 써도 좋다. 그리고 했는지 안 했는지 체크하는 것이다. 게임 하듯이 할 일을 마쳤을 때마다 체크한다. 다음날 할 일을 오늘 저녁에 미리 적어 놓고, 다음날 하루 동안 실천하고, 저녁에 얼마나 잘 실천했는지 돌아보며 체크한다. 아이와 함께 하루의 목표과제를 체크리스트로 정하고, 매일 체크하는 것이다.

이때 목표는 아이의 현 모습을 기준으로 해야 한다. 5분도 앉아 있기 힘든 아이에게 20분을 앉아서 뭔가 하는 것을 약속하면 지키기 힘들고, 좌절감만 느끼게 된다. 예를 들어 매일 학습지 10분을 집중해서 하기로 약속하고 한 달을 성공했다면 그 뒤로 점차 분량을 늘려가는 것이다. 물론 목표행동에 맞는 긍정적인 행동은 충분히 칭찬해야 한다.

한 분야에서 자기절제 훈련을 제대로 해 내면, 삶의 모든 부분을 향상시키는 효과가 있다. 집에서 하루 할 일 연습을 하면 학교에서의 수업시간에서도 집중시간이 늘어날 수 있다.

체크리스트 실천 확률 높이기

어떤 일을 하던 '스스로 선택했다.'라는 느낌이 중요하다. 엄마가 시켜서 하는 것과 내가 선택해서 하는 것의 동기 차이는 대단히 크기 때문이다. 그렇다고 무조건 아이가 알아서 계획을 세우게 놔두라는 건 아니다. 아직 계획 초보자인 아이에게 큰 틀은 알려 주고 그 세부 내용에 선택권을 주어서 마치 아이 스스로 선택하고 있다고 느끼게 하라는 뜻이다.

반드시 해야 하는 필수적인 것을 정해 주고, 나머지는 선택할 수 있게 한다. 필수 과제란 계획을 세울 때 반드시 들어가야 하는 항목들이다. 처음부터 공부습관 들이기가 힘들다면 딱 하나 핵심습관을 골라서 연습하다가 늘려가는 것도 좋다. 예를 들어 "책 읽기 15분, 연산학습지 15분 이 두 개는 매일 하자."는 식으로 정할 수 있다.

아이와 '매일 필수과제 3가지를 해야 한다.'라는 큰 틀을 정했다면, 나머지에 대한 선택권은 아이에게 주면 된다. 어떤 공부부터 먼저 시작할 것이고, 몇 시에 할 것인지, 추가로 더 하고 싶은 건 뭔지는 아이에게 주는 선택권이다.

"독서, 수학, 영어 중에서 어떤 순서로 공부할래?"
"몇 시부터 어떤 공부를 시작할래?"
"독서, 수학, 영어 외에 추가 공부는 어떤 걸 더 하고 싶어?"

공부를 선택하려면 시간적 여유가 있어야 가능하다. 실제 해야 할 일이 너무 많으면 시간표가 빡빡하게 짜일 수밖에 없어 선택의 폭이 적어진다. 하지만 해야 할 일이 3개밖에 없으면 오후 3시부터 6시까지 어떻게 할지는 아이가 정할 수 있다. 할 일을 다 끝냈을 때의 보상, 지키지 못했을 때 어떻게 책임을 질지에 대해서도 계획을 세울 때 이야기해서 시스템을 만들고 그 시스템이 정착되도록 해야 한다.

문제집을 선택할 때도 서점에 같이 가서 살펴보고 아이에게 선택권을 줘서 고르라고 하면 좋다. 학원 역시 두 군데 정도를 골라서 아이와 함께 가서 설명을 듣고 나서, 아이와 충분히 대화를 나눈 뒤 최종적으로 아이가 학원을 선택하게 한다.

나만의 학습 커리큘럼을 만드는 과정에 아이와 함께 한다면 아이는 자신이 선택했다고 느낄 것이다. 부모님이 일방적으로 시킨 공부나 계획이 아니라 나도 동의해서 만든 커리큘럼이고, 따라서 실천하기 위해 노력하고, 실천하지 못할 때 책임을 진다고 생각하게 해 준다.

보상을 정할 때는 처음에는 일주일 정도에서 점점 늘려가 한 달 정도 장기적으로 자기 할 일을 다 했을 때, 너무 과하지 않은 것으로 정한다.

매일 계획을 달성하다 보면 보상뿐만 아니라 '성공 경험'을 얻게 된다. 아직 아이가 어리니까 공부는 나중에 시키는 게 맞지 않느냐고 말하는 부모도 있다. 과하게 시키라는 말이 절대 아니다. 나중에 달리려면 충분한 기초 공부 체력이 갖춰져 있어야 한다. 7~9세면 매일 독서, 연산학습지 2장, 영어 영상 10분 정도로 공부 기초체력을 충분히 기를 수 있다.

*** 체크리스트 예시**

필수 과제	선택 과제
✓ 연산 학습지 3장	✓ 한자 1장
✓ 독서 1권	
✓ 영어 독서 1권	
✓ 영어 영상 2개	

체크리스트가 안 지켜질 때의 마음가짐

체크리스트를 만드는 방법은 간단하지만 지키기는 쉽지 않다. 왜냐하면 부모가 정신을 차리지 않으면 아이는 체크리스트를 해야 하는 것조차 잊어버리기 때문이다. 그러면 체크리스트 때문에 아이와 자꾸 다투게 된다.

"너 그러려면 계획은 왜 세웠니? 엄마가 바쁘면 네가 좀 알아서 해야 할 것 아니야? 이게 네 공부지, 엄마 공부야?"

절대 이렇게 닦달할 필요가 없다. 부모는 체크리스트를 잘 실천할 수 있는 환경을 설계하고, 지켜야 할 계획이 있음을 상기시키고, 지킬 수 있도록 도와주어야 한다. 부모가 정신없어서 아이가 못했으면 그 다음날부터 다시 계획을 세우면 된다. 스트레스를 받을 필요도, 죄책감을 가질 필요도 없다. 며칠 공부 안 했다고 어떻게 되지 않는다. 다만 어떻게 하면 계획 세운 것을 다 실천할 수 있을지 아이에게 책임을 넘겨 주면서 궁리해 보라고는 해야 한다.

부모가 세운 계획을 지키라고 아이를 혼내는 게 아니라, 계획을 실천할 방법을 생각하도록 도와주어야 하는 것이다. 네 일이니 네가 알아서 책임지는 게 맞지만 그게 힘드니 방법에 대해 같이 대화하고 도와주어야 한다.

처음부터 잘 될 수는 없다. 며칠 하다가 지쳐도 너무 낙심하지 말고, 다시 하면 된다. 학습계획을 세우고 그것을 실천하고, 스스로 잘한 것과 못한 것을 피드백하는 과정을 자꾸 연습하면 된다. 자기주도 학습이 언제 되느냐는 아이마다 다르다. 자기주도 학습이 가능한 아이는 한 반에 서너 명 정도밖에 없다. 자기주도 학습은 중·고등학생도 하기 어려운 것이기 때문에 초등 6년을 바라보고 이루어야 할 장기적인 목표라고 생각해야 한다.

아이의 수준에 맞는 학습을 할 수 있도록 도와주면 성공 경험이 쌓이고 그 횟수가 쌓인 만큼 자신감으로 이어진다. 끈을 놓지 않고 계획 세우고 실천하기를 계속해서 반복하면 학년이 올라갈수록 계획 세우기가 익숙해지고 나중에는 필수과제, 선택과제 없이 아이가 스스로 계획을 세워 갈 수 있을 것이다.

학업격차가 벌어지는 시기를 잘 넘기는 방법

　유아기 때만 해도 "난 뭐든지 잘해!" 하고 자신감이 넘친다. 그리고 저학년 아이들의 경우, '나는 공부를 못해.'라고 생각하는 아이들은 거의 없다. 하지만 학년이 올라가면 슬슬 일부 아이들이 '나는 공부를 잘하는 게 아닌가 봐.'라고 생각한다. 또 몇몇은 '나는 공부를 못해.'라고 확신한다.

　공부 낙관주의라는 것은 내가 공부를 잘할 수 있을 거라는 자기 믿음을 의미한다. 즉 공부에 대한 성공 경험이 많다면 공부 낙관성이 높고, 실패 경험이 많다면 공부 낙관성이 낮다. 아이들을 보면 학년이 올라갈수록 공부 낙관성의 차이가 점점 벌어진다. 학습 수준이 올라감에 따라 공부량이 함께 늘어야 하는데 그게 되지 않아서다.

7~9세 때 해야 하는 공부의 수준은 높지 않아서 공부 낙관성이 높다. 그러다가 아이들이 처음 학업격차가 벌어지는 때가 2학년의 **(두 자리 수) ± (두 자리 수)**를 배울 때이다. 처음에 배울 때는 개념을 이해하지만, 반복 연습하지 않으면 시간이 지나면서 잊어버린다. 2학년 2학기에 나오는 구구단을 열심히 하다 보면 1학기에 배웠던 받아올림이 있는 두 자리 수 이상의 덧셈, 받아내림이 있는 두 자리 수 이상의 뺄셈이 낯설어진다. 그러다가 3학년이 되면 사회, 과학, 영어와 같은 새로운 과목이 생긴다. 국어 과목은 텍스트 분량이 많아져 슬슬 싫어하게 되고, 수학은 3학년 2학기의 **(두 자리 수) × (두 자리 수)**에서부터 어려움을 느낀다. 특히 2학년 때 연산을 반복해서 꾸준히 연습하지 않았던 아이들은 이때부터 실패 경험이 쌓인다. 즉 3학년 공부부터 빨간불이 켜지기 시작한다.

아이는 공부하면서 한 단계 더 생각하고, 더 이해해야 하고, 조금만 더 지루한 내용이 나오면 지친다. 그 단계를 잘 넘기느냐, 넘기지 못하느냐가 공부를 잘하느냐, 잘하지 못하느냐로 나뉘게 된다. 단계를 넘기는 것은 반복연습을 얼마나 하느냐에 따라 결정된다.

예를 들어 3학년 아이들이 힘들어 하는 **(두 자리 수) × (두 자리 수)** 내용이 굉장히 어렵다고 볼 수는 없다. 다만 충분한 연습하지 않으면 공부 낙관주의에 빨간불이 켜진다. 즉 충분히 연습하느냐 그렇지 않느냐가 초등 공부의 실력을 결정한다고 해도 과언이 아니다.

그럼 충분하게 연습하도록 하려면 어떻게 해야 할까?

성공 경험을 늘리는 가장 좋은 방법

수업시간에 아이들에게 수학 문제를 풀어 보게 하거나 글쓰기를 하게 하고 시간을 준다. 그러면 처음에는 아이들 모두 집중하지만 금세 잘하는 친구들 몇 명을 제외하고는 딴짓한다. 학습지에 낙서를 하거나 구멍을 뚫기도 하고, 지우개 가루를 뭉치기도 한다. 각자 최대한 눈에 띄지 않게 딴짓하는 방법을 창의적으로 찾아낸다. 시작한 지 5분도 안 되어서 아이들의 딴짓은 시작된다.

집에서도 마찬가지다. 공부를 시작한 지 얼마 되지도 않아서 아이가 딴짓하면 엄마의 목소리에는 짜증이 섞인다. 그리고 한숨을 내쉬며 잔소리한다.

"휴우, 왜 그렇게 집중을 못 하니?"

보기만 해도 속이 터진다. 안다. 아이들이 딴짓을 시작하면 그 아이들에게 다가가서 이런 식으로 말해야 한다.

"잘하고 있어."
"힘들지?"
"어떤 게 힘들어? 도와줄 거 있어?"

공부를 힘들어할수록 집중력은 더 쉽게 흐트러진다. 내가 못하는 과목일수록 집중력은 더 빨리 흐트러진다. 딴짓해서 공부를 잘못하는 것이 아니라, 공부를 잘못하니 딴짓한다. 그러니 공부를 힘들어할수록, 딴짓할수록 더 많은 격려가 필요하다.

부모님은 같이 옆에 앉아서 딴짓하려는 순간이 오면 격려하면서 집중을 유도한다.

"잘 하고 있어. 지루해도 열심히 하는 모습이 멋져."

말없이 고개를 끄덕끄덕하거나 등을 토닥토닥해 주기만 해도 아이는 다시 정신을 차린다. 긍정적인 피드백으로 집중을 유도하는 것이다. 아이가 공부하는 머릿속이 눈에는 보이지 않지만 아이는 그 속에서 열심히 뒤뚱뒤뚱 걸어가고 있다. 걸어가는 게 힘들면 그냥 앉아서 쉴 수도 있다. 그게 딴짓이다. 마냥 쉬지 않도록 손도 잡아 주고, 격려도 해 주자.

아이는 집중하고 싶은데, 집중하지 못할 수도 있다. 아이들에게는 구체적이고 세분화된 활동이 필요하다. 특히 집중력이 약한 아이에게는 뭉뚱그려서 과제를 주지 말고 한 단계, 한 단계 세분해서 과제를 주어야 한다. 즉 "오늘 수학 학습지 3장 하자."라고 말하는 게 아니라 "5문제만 먼저 풀어 볼까?"와 같이 양을 나누어서 피드백을 계속 주는 것이다.

근접발달영역을 넓혀 주자

교육학에는 근접발달영역이라는 개념이 있다. 어려운 개념이 아니다. 오른쪽의 그림을 보면 'Can'은 아이가 혼자 해결할 수 있는 부분이다. 'Can't'는 누가 도와줘도 절대 할 수 없는 부분이다. 그 가운데 있는 ZPD 영역은 아이 혼자는 해결할 수 없지만 누가 도와주면 해결할 수 있는 부분이다. 즉 근접발달영역은 현재의 발달 수준이 아닌 미래의 잠재적 발달수준을 의미한다.

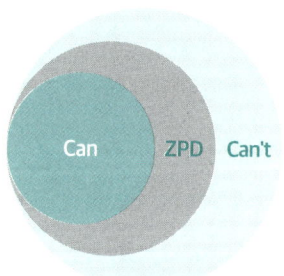

근접발달영역(ZPD)

아이의 능력을 고무줄로 비유해 보자. 고무줄을 가만히 두면 길이는 10cm 정도다. 그런데 양쪽 끝을 20cm까지 잡아당기면 끊어지고 만다. 잡아당겨서 끊어지지 않는 정도까지 늘리면 15cm 정도가 된다. 고무줄이 끊어질 정도까지 잡아당기면 안 되고, 끊어지지 않을 때까지 잡아당겨 주는 것이 아이의 잠재능력을 늘려 주는 것이다.

이런 근접발달영역을 넓혀 주는 방법들 중 하나가 '함께 공부하는 것'이다. 함께 공부한다는 것에는 2가지 방법이 있다.

□ 옆에서 적극적으로 공부에 '개입'하면서 '직접' 함께 하는 것
□ 옆에 앉아서 부모가 할 일을 하면서 단순히 아이와 공부 시간과 공간을 '공유'하며 '간접적'으로 함께 하는 것

첫 번째 직접적으로 개입하는 것은 공부에 실제 개입하는 것이다. 예를 들어 아이가 어떤 문제를 풀지 못해 멍하니 앉아 있다면 힌트를 준다. "문제를 다시 읽어 볼까? 중요한 부분에 밑줄 쳐 볼까?" 살짝 힌트를 줘서 아이가 문제를 해결하고 성공 경험까지 얻도록 한다. 모르는 문제는 알려 주기도 하고, 자료를 같이 찾아보기도 한다. 자꾸 성공하게 해서 아이의 잠재력을 끌어 주고 성취감을 느끼게 해 준다. 집중력이 흐트러지려 할 때, 긍정적인 피드백을 주어 집중을 유도한다.

아이가 좌절하지 않도록 함께 하면서 '도움의 사다리'를 놔 줄 필

요가 있다. 살짝 도와줘서 완성품을 만들면 아이는 뿌듯함을 느낄 수 있다. 7~9세 때 가능한 개입방법이다.

두 번째 간접적으로 함께 한다는 것은 아이가 공부할 때 옆에 함께 앉아 있어 주는 것이다. 아이가 공부할 때 엄마는 텔레비전을 보고, 아빠는 스마트폰을 본다면 아이의 공부가 제대로 될 리가 없다. 아이가 공부할 때 부모가 옆에서 책을 읽는 분위기라면 당연히 집중이 더 잘 될 것이다.

말로만 "책 좀 읽어라." 하는 게 아니라, 같이 앉아서 읽어야 아이도 책을 읽게 된다는 뜻이다. 수학 문제집 풀기도 마찬가지다. 뭐든 처음이 힘들다. 같이 하다가 익숙해지면 엄마는 슬쩍 손을 떼고 옆에서 다른 책을 읽는 것이다.

7~9세 때는 함께 공부하는 시간 : 혼자 공부하는 시간의 비율이 아마도 거의 100 : 1, 99 : 1 정도이다. 엄마가 눈을 떼는 순간 아이는 딴짓한다. 하지만 학년이 올라갈수록 아이가 혼자 공부하는 시간의 비율은 높아진다. 사춘기가 되면 엄마가 옆에 앉아 있겠다고 해도 싫어할 것이다. 중·고등학생이 되면 부모가 교과과정을 설명해 줄 수도 없다. 아이의 학습독립을 원한다면 7~9세 때 함께 공부하면서 긍정적인 피드백을 주고 근접발달영역을 넓혀 주자.

내 아이를 책임지는 것은 부모뿐이다

나는 모두가 엄마표 공부를 해야 한다고 말하지 않는다. 아이마다, 가정마다 상황이 다른데 '엄마표'라는 말 자체가 모성애를 강요하는 것처럼 느껴지기 때문이다.

학교가 일찍 끝나면 학원을 돌아다녀야 하는 것은 선택이 아니라 필수인 집도 많다. 엄마가 아이를 가르치려다가 오히려 사이가 틀어지는 경우도 많다.

이제 엄마표 학습의 범위를 조금 넓혀서 생각해야 한다. 아이를 학원에 보낸다고 아이의 학습을 학원에 온전히 일임할 수 있는 건 아니다. 엄마가 해 줘야 하는 부분이 반드시 있기 때문이다.

자기주도 학습은 '계획→공부→피드백' 3단계로 나눌 수 있다고 했다. 공부 단계에서 일부 사교육의 도움을 받을지라도, '계획' 단계와 '피드백' 단계를 함께했다면 엄마표 공부라고 할 수 있다. 즉 엄마표 공부는 '엄마와 함께 공부한다.'에 한정된 것이 아니라, 엄마와 공부에 관한 여러 가지를 함께 한다는 의미다. 학원에 다니는 것은 계획→공부→피드백의 과정 중 일부에 지나지 않는다. 엄마표의 범위를 넓히고 나면 이제 엄마표를 해야만 하는가에 대한 답이 달라진다. 엄마표는 꼭 해야 한다.

엄마가 모든 것을 해야 한다는 짐에서는 벗어날 수 있지만 그렇다고 완전히 손을 떼도 된다는 말은 아니다. 계획을 세우는 과정을 함께하고, 어느 정도 공부했는지는 확인하자. 7~9세의 공부는 엄마의 손길이 필요한 때다. 양이 얼마 되지 않고 수준이 별로 높지 않지만, 공부습관을 위해 계획을 세우고, 함께 공부하는 시간을 가져야 한다.

관찰해야 아이의 실력을 알 수 있다

아이들이 평소에 가져오는 상시평가나 학교나 학원에서의 학습지, 활동, 과제들을 모아서 어떻게 학습하고 있는지 점검하면서 아이가 보완해야 할 점이 무엇인지 살펴보면 아이의 공부가 어느 정도 진행

되는지 알 수 있다.

　소리 내어 책을 읽혀 보고, 읽고 난 책에 대해 대화하고, 일기를 써 보게 하면 국어 실력을 점검할 수 있다. 수학은 교과서의 개념을 말로 설명하게 하고, 수학과 수학 익힘책의 틀린 문제를 확인하면서 점검하자. 점검과 피드백은 함께 가야 한다. 아이의 학습을 수시로 점검하면서 부족한 점을 보완해야 한다. "너 수업시간에 뭐 했니?", "돈 들여서 학원 보내 놨더니 그게 뭐야?"라고 말하는 것은 제대로 된 피드백이 아니다.

부족한 점		보완방법
"구구단을 완벽하게 못 하는구나."	⇒	구구단 반복연습
"맞춤법을 많이 틀리는구나."	⇒	독서할 때 맞춤법 함께 지도, 맞춤법 문제집 풀기
"글씨가 엉망이구나."	⇒	글씨 쓰기 연습

　부족한 점이 보이면 보완방법을 찾아서 함께 노력하면 된다. 꾸준히 함께 이 과정을 함께해 줄 수 있는 사람은 부모뿐이다.

학원은 언제부터 다녀야 하나?

부모들의 고민 중 하나가 언제 학원을 보내야 하는가다. '완전한 엄마표'를 하는 부모라도 매번 선택해야 하는 순간이 되면 고민에 빠진다. 그럴 때면 '학원에 보내야 하나?'라고 진지하게 생각한다. 다음과 같은 이유가 있다면 학원의 도움을 받을 때인지 고민할 필요가 있다.

☐ 아이의 수준이 높아져서 전문가의 도움이 필요하다.
☐ 엄마표를 하기에 엄마가 시간과 체력이 너무 부족하다.
☐ 엄마표로 공부하다가 아이와 관계가 나빠지는 것 같다.
☐ 아이가 학원에 가고 싶어 한다.

이런 이유가 생기면 사교육의 도움을 받지만, 단순히 불안하다는 이유, 남들은 다니는데 우리 아이만 안 가는 거 같다는 이유로 학원에 갈 필요는 없다. 또한 학원을 보낸다고 해서 엄마가 아이의 학습에서 손을 놔도 된다는 것은 아니다.

초등 공부의 큰 틀을 기억하자

초등 공부를 어떻게 시켜야 하는가에 대해 부모님이 어떤 큰 틀을 갖지 않으면 매 순간 불안하고 사소한 유혹에도 흔들린다. 학습동기와 학습계획은 초등 공부 틀의 가장 위에 있다. 아이의 학습동기를 해치지 않으면서 수능 입시라는 장기적인 안목으로 계획을 세워서 초등 공부를 해야 한다. 초등 공부의 핵심은 딱 세 가지다.

독서   수학   영어

"시대가 변했는데도 여전히 국영수인가요?"라는 질문도 많다. 달라진 시대에 따라 새롭게 배울 것도 생기지만 그 뿌리는 쉽게 달라지기 어렵다고 생각한다. 진부해 보이지만 어쩔 수 없다.

우리는 독서를 잡으면 학습의 대부분이 해결된다는 것을 안다. 그러니 아이가 어떻게 자발적으로 책을 읽고, 책의 재미를 느끼게 할 것인지 계속 고민하고 시도해야 한다. 글쓰기, 역사교육, 한자 등은 모두 독서의 하위요소라고 할 수 있다.

그다음은 수학이다. 수학은 방학 때 다음 학기 것을 예습한다는 생각으로 한 학기 정도의 선행 예습 정도를 하고, 학기 중에는 현행 진도를 충실하게 다져서 완벽하게 개념을 이해하고 충분한 연습으로 실력을 무장해야 한다.

영어는 학교에서 가르쳐 보면 슬프게도 가장 빈익빈, 부익부가 드러나는 과목이다. 즉 우리나라의 특성상 의도적으로 영어에 노출되지 않으면 영어를 배울 수 있는 기회가 없다. 그러니 개별적으로 시간과 돈을 투자해 영어에 많이 노출된 아이가 영어를 잘할 수밖에 없다. 초등 영어는 기본적인 의사소통 능력을 기르는 것이기 때문에 상위권을 원한다면 학교에서 배우는 것보다는 시간을 더 투자하는 것이 필요하다.

필수 과목들에 선택적으로 예체능 교육이 더해진다. 학교가 일찍 끝나고 저학년 때는 아무래도 시간적 여유가 있다 보니 아이의 흥미에 따라서 태권도, 피아노, 미술 같은 예체능 사교육을 배우는 경우가 많다. 물론 학년이 올라가면서 학교수업이 늦게 끝나고 공부하는 양 자체가 많아지면서 전공할 것이 아니면 예체능에 투자하는 시간은 줄어들게 된다. 초등교육의 큰 틀은 이렇게 잡혀져 있다.

학년별 적절한 자기주도 학습 시간

가장 많이 받는 질문 가운데 하나가 바로 적절한 학습 시간이다. 이 질문이 궁금한 이유는 불안해서다. 딴 애들은 얼마나 하고 있지? 최소한의 학습량은 어느 정도일까? 이 정도만 하면 될까? 이런 불안한 마음 때문에 누군가 시간을 딱 정해줬으면 하는 것이다.

불안한 학부모를 위해 기준을 정리하면 학습량은 보통 학년 곱하기 30분을 하루에 해야 할 최소한의 자기주도 학습 시간으로 본다. 1학년은 30분, 2학년은 1시간, 3학년은 1시간 30분 이런 식이다. 이때 자기주도 학습 시간은 말 그대로 자기가 주도하는 시간이다. 선생님이 주도하는 수업을 듣는 시간이 아니다. 학교나 학원에 가서 듣는 수업이나 온라인 수업 말고, 내가 따로 복습하거나 독서를 하거나, 연산학습지를 풀거나 영어공부하는 시간이다.

연령	학습 시간
7세	책 읽기 10분 이상, 간단한 수 놀이 10분, 영어 영상 보기 10분
8세	책 읽기 10분 이상, 연산 연습 10분, 영어 영상 보기 10분 + 영어 알파벳 쓰기
9세	책 읽기 20분 이상, 연산 연습 10분, 영어 영상 보기 10분 + 일기 쓰기, 영어 파닉스 하기

예를 들어 2학년이라면 1시간 정도는 혼자 공부하는 시간이 있어야 한다는 의미다. 하지만 이 시간이 절대적인 것은 아니다. 학년이 올라감에 따라 공부하는 절대적인 시간은 길어진다.

저학년 아이들은 학업에서 차이가 나기보다는 생활습관에서 더 차이가 난다. 얼마나 내 물건을 잘 챙기고, 지루해도 책상에 잘 앉아 있고 하는 것들 말이다. 보통 저학년 때는 바르게 앉아서, 바르게 쓰고, 색칠하기 정도만 잘해도 충분하다.

국어, 단계별로 책 읽기와 글쓰기를 하자

　교실에서 아이들을 보고 있노라면 설명서를 보고 이해하기 힘들어 하는 것을 느낀다. 만들기 키트의 설명서를 보고 만들어야 하는데 설명서를 이해하지 못해 만들지 못하는 경우가 자주 있다. 결국 영상을 보고서야 '아!' 한다. 아이들은 직관적인 영상 설명에 너무 길들여 있다.

　피아노를 잘 치기 위해서는 피아노 치는 연습을 해야 하고, 축구를 잘하려면 축구 연습을 많이 해야 한다. 문해력도 마찬가지다. 문해력을 기르려면 글을 읽고 이해해야 한다. 즉 독서를 하면서 글을 읽고 이해하는 연습을 해야 한다. 문해력은 모든 공부의 뿌리며 바탕이다. 읽고 이해할 수 있어야 어떤 공부든 잘할 수 있다.

활자를 읽는 능력은 선천적인 능력이 아니라 후천적으로 뇌가 배워야 하는 능력이다. '읽는 뇌'와 '보는 뇌'는 다르다. '보는 뇌'는 훈련하지 않아도 바로 쓸 수 있지만, '읽는 뇌'는 후천적으로 훈련하지 않으면 기를 수 없다. 즉 최대한 '읽는 뇌'를 발달시켜야 상상하는 능력도 길러진다. 라면을 자주 먹는 아이에게 담백한 맛의 반찬을 주면 맛없어 하는 이유와 같다.

7~9세 책 읽기의 단계

책 읽기를 어떻게 하면 좋을지에 대한 단계는 다음과 같다.

0단계 읽어 주기

책 읽어 주기는 문해력에 좋은 방법이다. EBS 〈당신의 문해력〉에서는 생후 13개월 전후의 영아들에게 들려 준 단어를 아는지 확인하는 실험을 했는데, 생후 7개월부터 책을 읽어 준 아이가 13개월에 알고 있는 단어가 많아졌다는 것을 확인했다. 듣는 독서는 소리를 구분할 수 있게 해 주고, 내용을 이해하는 힘을 길러 주어 문해력의 바탕이 된다.

그럼 언제까지 책 읽어 주기는 계속되는 걸까? 아이가 한글을 모를 때는 당연히 읽어 준다. 한글을 어느 정도 떼고 나서도 한글을 읽어 내려가는 것을 힘들어하니 읽어 준다. 어느 정도 한글을 뗐다 하더라도 아이가 혼자 읽기 어려워하는 책을 이해되는 수준으로 읽어 준다. 고학년이 되어도 부모가 책 읽어 주는 것을 좋아한다면 아이 수준보다 조금 어려운 책을 골라서 독서 사다리를 계속 만들어 준다. 책 읽기의 수준이 아주 높아지면 아이는 더 이상 누군가 읽어 주는 책을 듣고 있기 힘들어 한다.

책 읽어 주기의 노동은 빨리 시작되어 꽤 오래 계속되는 일이다. 특히 7~9세는 계속 책을 읽어 주어야 할 때다.

1단계 한글 떼기

한글을 떼는 방법은 여러 가지가 있다.

첫 번째, 다양한 재료로 한글 만들기다. 공부는 손으로 조작하는 활동과 함께하면 좋다. 클레이나 밀가루 반죽으로 한글 자음과 모음을 만들기도 하고, 크레파스와 물감 등으로 글자를 색칠하기도 한다. 색종이로 한글 만들기, 낙엽으로 만들기, 과자를 이용해 만들기 등 다양한 재료로 한글 자음과 모음을 만들면서 글자와 친해져 본다. 가족들과 몸으로 한글을 만드는 것도 좋고, 전단에서 글자 찾기 놀이해도 좋다.

두 번째는 한글 카드를 이용하는 방법이다. 눈에 익숙한 '통낱말'이 많으면 읽기 능력을 다지는 데 유리하다. 한글 카드를 집 안 곳곳에 붙여 놓고 통으로 익히는 것이다. 또 한글 카드로 게임을 하며 익힐 수도 있다.

세 번째는 한글의 조음 원리를 알 수 있도록 가르쳐 주는 것이다. 자음의 소리와 모음의 소리를 내보고, 빠르게 합쳐 보는 것이다.

ㄱ(그)   +   ㅏ(아)   =   가(그아)

ㄱ(그)   +   ㅗ(오)   =   고(그오)

자음의 소리를 내고 모음의 소리를 내서 자음과 모음이 조합되는 과정을 계속 연습하다 보면 어느 순간 합해서 읽게 된다.

2단계 함께 읽기

한글을 조금 읽기 시작했다면 함께 읽기를 해 본다. 한 쪽 중에 한 문장 정도는 읽게 한다든가, 돌아가면서 한 문장씩 읽는다든가 한다. 함께 읽기에서는 소리 내어 읽기를 할 수밖에 없다.

*1학년 함께 읽기 좋은 책

제목	작가	출판사
강아지똥	권정생	길벗어린이
우리 엄마	앤서니 브라운	웅진주니어
아낌없이 주는 나무	셸 실버스타인	시공주니어
브레멘의 동물 음악대	그림 형제	웅진주니어

이 고쳐 선생님과 이빨투성이 괴물	롭 루이스	시공주니어
구름빵	백희나	한솔수북
팥죽 할멈과 호랑이	박운규	시공주니어
똥벼락	김회경	사계절
나 학교 안 갈래	미셀린느 먼디	비룡소
나무꾼과 호랑이 형님	이나미	한림출판사
소가 된 게으름뱅이	김기택	비룡소
지각대장 존	존 버닝햄	비룡소
저승에 있는 곳간	서정오	한림출판사
종이 봉지 공주	로버트 문치	비룡소
복 타러 간 총각	정해왕	보림
세상에서 제일 힘 센 수탉	이호백	재미마주
늑대가 들려 주는 아기돼지 삼형제 이야기	존 셰스카	보림
책 먹는 여우	프란치스카 비어만	주니어김영사
감기 걸린 물고기	박정섭	사계절
행복한 청소부	모니카 페트	풀빛

3단계 혼자 읽기

이제 드디어 혼자 읽기 단계다. 책을 혼자 읽어 낸다는 것은 참 기특한 일이다. 혼자 소리 내지 않고 묵독으로 읽어 낸다는 것은 한글을 읽을 수 있어야 하고, 책을 읽는 고독한 과정을 참아 내야 하고, 몰입되기 전까지의 장벽을 넘어서 책 내용에 쏙 빠져 들어가게 된다.

책 읽기 초기 단계에서는 음독을 충분히 하고, 학년이 올라가 많은 글을 빠르게 읽어 낼 때는 묵독으로 적절하게 정보를 읽어 낼 수 있어야 한다. 만약 속으로 읽었을 때 책에 대한 이해도가 떨어진다면 음독을 더 많이 연습해야 한다. 그리고 쉬운 책부터 묵독을 하는 것이 좋다.

특히나 완전한 독서습관이 잡히기 전에는 책을 읽으라고만 하는 게 아니라 책을 권해 주는 게 도움이 된다. '책을 권한다.'에는 다양한 의미가 들어 있다. 아이의 독서 수준을 알아야 하고, 아이가 좋아할 만한 책도 알아야 한다. 아이들 수준에 맞는 책들을 함께 읽어 봐야 가능하다.

혼자 책을 읽는 습관을 위해서는 다각적으로 노력해야 한다. 혼자 읽을 수 있게 되었다고 책 읽어 주기를 멈춰서는 안 된다. 아이에게 책을 읽어 주기도 하고, 아이가 읽든 안 읽든 책을 빌려서 아이 책상 위에 쌓아도 보자. 자연스럽게 책과 가까워지면서 독서습관이 생기게 될 것이다.

4단계 글밥 늘리기

글밥이 있는 정말 재미있는 책 한 권에 푹 빠져 읽은 경험은 독서의 글밥을 늘리는 데 도움이 된다. 초등 시기에는 책을 읽는 재미를 느끼는 것이 가장 중요하다. 정말 재미있는 책을 한 권 만나서 푹 빠져 읽는 경험을 한다면 스스로 재미있는 책을 찾아 읽을 수도 있다. 독서의 킬링 포인트가 바로 여기에 있다. 책 읽는 재미를 느낀 경험이 한 번이라도 있었느냐는 것이다.

학습만화와 글밥이 있는 책을 모두 읽고 있다면 괜찮지만, 학습만화만 읽고 있다면 글자가 많은 책에 재미를 붙여야 한다. 아이에게 책을 읽어 주기도 하고, 같이 읽기도 하고, 서점도 자주 가고, 재미있는 책을 권하면서, 책 읽는 재미를 찾아 주자.

* 글밥 늘리기 좋은 재미있는 책

제목	작가	출판사
내 멋대로 뽑기 시리즈	최은옥	주니어김영사
강남사장님	이지음	비룡소
복면공주	샤넌 헤일	다산어린이
만복이네 떡집 시리즈	김리리	비룡소
간니닌니 마법의 도서관 시리즈	지유리, 안성훈	아울북
건방이의 건방진 수련기	천효정	비룡소
겁보만보	김유	책읽는곰
수상한 시리즈	박현숙	북멘토
이상한 과자 가게 전천당	전천당	길벗스쿨
잘못 뽑은 반장	이은재	주니어김영사
찰리와 초콜릿 공장	로알드 달	시공주니어
한글 탐정 기필코	김미희	책내음
화해하기 보고서	심윤경	사계절

양말마녀 네네칫	신현경	다산어린이
빨강연필	신수현	비룡소
스무고개 탐정	허교범	비룡소
무엇이든 마녀상회 시리즈	안비루 야스코	예림당
나는 3학년 2반 7번 애벌레	김원아	창비
고양이 해결사 깜냥	홍민정	창비
위풍당당 여우꼬리	손원평	창비

국어 독해력 문제집, 꼭 풀어야 할까?

뭐든 안 하는 것보다 낫다. 하지만 문제는 아이의 시간도 에너지도 한정된 것을 쓰고 있다는 점이다. 아이는 어느 정도 공부하면 지치게 마련이다. 그러니 꼭 필요한 부분에 에너지를 투자해야 한다. 독해 문제집을 푸는 것은 문제를 푸는 기술을 연습하는 것이다. 독해 문제집들을 보면 다양한 지문을 접하게 하려고, 과학, 역사, 사회, 문학 등 여러 분야의 지문을 수록하고 그에 맞는 문제들을 내 놓는다. 그런데 이 지문이 독해력 문제집의 단점이 되기도 한다. 독해 문제집은 글의 일부만 가져오거나, 초등학생 수준에 맞게 문제집 한쪽 정도로 글을 만들어 놓는다. 그러다 보니 긴 호흡의 글이 아니라 짧은 호흡의 글이 된다. 글에 몰입하기도 전에 글이 끝나 버리고 마는 것이다.

진짜 독해력을 기르는 방법은 긴 책을 읽는 것이다. 가공되지 않은 긴 글을 읽으면서 글에 대한 이해력과 집중력을 높여야 독해력이는다. 독해 문제집을 통한 연습으로는 독해력을 100점 만점에 80점까지 높일 수 있지만 책을 읽으면 100점 만점에 200점까지 끌어올릴 수 있다.

초등학생 때만큼 독서 하기에 좋은 시간이 없다. 초등학교 때 독해 문제집을 풀면서 기술을 익힌다는 것은 그만큼 독서 시간이나 노는 시간을 줄여야 한다는 의미다. 독해 문제집을 풀게 하고 싶다면 독서 시간을 충분히 확보하고 남은 시간에, 혹은 방학 중 프로젝트처럼 시도해 보는 것을 추천한다.

7~9세 글쓰기의 단계

1~2학년 교육과정을 보면 주변에서 본 것, 경험한 것을 바탕으로 글을 쓰게 한다. 저학년은 글자와 문장을 쓰는 정도의 수준이기 때문에 글쓰기가 익숙하지 않다. 글씨를 바르게 쓰고, 바른 자세로 책을 읽고, 맞춤법과 띄어쓰기를 익히는 것 정도를 한다면 충분하다.

교육과정에서 제시하고 있는 내용 요소도 '쓰기에 대한 흥미'까지다. 가장 먼저 배우는 것은 글자 쓰기다. 저학년은 따라 쓰기, 받아쓰기를 통해서 글자 쓰기를 제대로 할 줄 아는 것이 목표다. 저학년인데 "우리 아이가 일기를 잘 못 써요. 독서록을 잘 안 쓰려고 해요." 하고 고민하는 부모가 많다.

듣기, 말하기가 먼저 발달하고, 그다음 읽기가 발달한다. 그리고 쓰기는 가장 마지막에 발달하는 과정이다. 그만큼 어려운 일이다. 학교 들어가기 전에 간단한 단어를 써 보거나 문장을 옮겨 쓰는 정도의 연습을 하면 좋다. 저학년에서 해야 하는 글쓰기는 크게 세 가지로 나눌 수 있다.

1단계 글씨 쓰기 연습

글씨 쓰기에 관해 '아이가 싫어하는데 굳이 글씨를 잘 쓰게 해야 할까?'를 많이 고민한다. 전자기기 사용이 많아진 요즘 아이들은 손으로 글씨를 잘 쓰지 않는다. 지금까지의 교직생활 경험을 돌아봤을 때, 공부를 잘하는 아이들의 99퍼센트가 글씨를 잘 썼다. 신기하게도 공부를 잘하는 아이들은 열심히 장난을 치다가도 공부할 때만큼은 차분해져서 글씨를 쓴다.

그렇다면 글씨를 잘 쓰는 아이들이 왜 공부를 잘하는 것일까? 첫 번째는 손으로 글씨를 쓰는 행동 자체의 유익함이다. 글씨를 쓰는 활동은 뇌 활동을 활발하게 한다. 글씨를 차분하게 쓰는 동안 머릿속에 기억도 되고 정리도 더 잘 된다.

두 번째는 그만큼 글씨를 바르게 많이 써 봤기 때문이다. 글씨를 잘 쓴다는 건 글씨를 정성스럽게 쓰려고 더 많이 노력했다는 것이다. 글씨를 많이 썼다는 건 그만큼 공부한 시간도 더 많았다는 의미로 볼 수 있다.

| 글씨를 잘 쓴다. | ⇒ | 손 조작활동으로 뇌 활동이 활발해졌다. | ⇒ | 정성껏 글씨를 쓰는 시간, 공부했던 시간이 양적으로 더 많다. | ⇒ | 공부를 잘한다. |

이런 프로세스가 만들어지는 것이다. 글씨를 잘 쓸 수 있게 하면 내용의 완성도는 높아졌다. 글씨 쓰기는 학생으로서 아이들의 태도와 자세, 성실함과 연결되어 있기 때문에 바른 자세로 앉아 바르게 글씨를 쓰기 위한 노력은 꼭 필요하다.

2단계 받아쓰기

받아쓰기를 원시적인 공부법이라고 생각할 수도 있다. 하지만 실제로는 아이들이 글자에 익숙해지고 읽고 쓰는 능력을 향상시키는 데 적지 않은 도움이 된다. 하지만 '시험'이라는 형식 때문인지 받아쓰기로 스트레스를 받는 경우가 많다. 요즘은 교과서에 있는 문장으로 받아쓰기 급수표를 만들어 미리 나누어 준다. 문제를 미리 알려 주는 것이다.

언제부터 받아쓰기를 시작하느냐는 정해져 있지 않다. 담임 선생님에 따라 다르지만 보통 1학년 2학기부터 시작하는 경우가 많다. 그렇다면 재미있게 받아쓰기를 연습할 방법은 무엇이 있을까? 다음과 같은 방법을 활용하자.

☐ 숨은그림찾기를 하듯 받아쓰기 급수표에 있는 문장을 교과서에서 찾아본다.

☐ 형광펜이나 색연필로 교과서에 표시한다.

☐ 칸 공책에 옮겨서 두 번 정도 쓴다(학교에서 급수표에 있는 문장을 따로 쓰는 시간이 있다면 굳이 또 쓸 필요는 없다).

☐ 아이가 선생님 역할을 하게 한다.

3단계 일기쓰기

글자 쓰기가 잘 연습되었다면 본격적으로 글쓰기로 들어간다. 글쓰기를 시작하려면 우선 글 그릇에 담을 소재가 필요하다. 어떤 소재를 담을지 생각해 보자. 가장 쉬운 것은 자기 경험을 소재로 그 경험에 대한 생각을 쓰는 것이다. 그게 바로 일기이다. 그래서 쓰기 활동으로 가장 먼저 내 경험이 소재가 되는 글, 일기를 쓰게 하는 것이다. 처음부터 많은 내용을 쓰기는 힘들기에 1학년 1학기에는 그림일기를 쓰고, 1학년 2학기에 가서야 글 일기가 국어 교과서에 등장한다. 있었던 일을 차분하게 곱씹으면서 자세하게 써 보고, 내 생각이 어땠는지 표현해 보는 것을 일기 쓰기를 통해 연습한다.

아이들은 대부분 일기 쓰기를 힘들어한다. 일기 쓰기가 힘든 이유는 세 가지이다. 첫 번째는 주제 잡기가 힘들어서다. 두 번째는 주제는 잡아도 그 안에 내용을 채우기 힘들어서다. 마지막으로 세 번째는 느낀 점 쓰기가 힘들어서다.

• **뭘 쓸지 모를 때 : 구체적으로 생각을 끌어 내는 연습을 한다.**

채울 내용이 없다는 것은 '더 자세히, 더 구체적으로 쓰는 방법을 모른다.'라는 것과 같다. 한 대상을 보고, 같은 경험을 해도 각자가 생각하는 양은 다르다. 그래서 무언가를 경험하거나 보았을 때, 최대한 많이 관찰하고 많이 끄집어 내는 연습을 한다. 일기란 오늘 겪은 경험 중 하나의 장면을 뽑아서 이런저런 생각을 써 내는 것이다. 그렇기에 최소 분량은 정해 놓고 연습하는 것이 좋다. 어떻게든 쓰려고 머리를 굴리다 보면 당시에는 생각나지 않았던 것이 머리에 떠오르기도 하고, 평소에 섬세하게 관찰하는 습관을 갖게 되기도 한다.

• **느낀 점을 쓰기 힘들 때 : 느낌을 표현하는 다양한 방법을 알려 준다.**

아이들의 일기 속에 드러나는 감정언어는 별로 다양하지 않다. 어떤 아이는 매일 "오늘 기분은 보통이다."라고 적어 놓기도 한다.

▶ 다양한 감정어 알려 주기

일기장 맨 앞에 다양한 감정어들이 쭉 인쇄된 '감정사전'을 붙여 놓고 활용하자. 일기를 쓸 때 그중에서 맞는 감정어를 골라 쓰면 된다. 인터넷 등에서 다양한 감정어 사전을 찾을 수 있다. 사람은 내가 아는 언어만큼 생각하고 그만큼 감정을 느낀다. 다양한 감정어를 깨우쳐 주고, 일기에 사용하게 하자.

▶ 직유법과 은유법을 이용해서 느낀 점 표현하기

감정을 표현하는 재료인 감정어를 다양하게 접했다면, 마음을 표현하는 방법인 직유법과 은유법을 일기에 쓰게 한다. '은유법', '직유법'이라는 단어를 굳이 직접 사용할 필요는 없다.

하늘은 _____ 와(과) 같다.
엄마는 _____ 와(과) 같다.

문장의 중간을 비워 두고 빈 곳에 들어갈 단어와 이유를 여러 개 말하는 게임을 해 보자. 게임을 통해 알게 된 단어를 일기에 활용해 보게 한다.

▶ 기분을 물건이나 색깔로 표현하기

물건이나 색을 활용해 기분을 표현하는 것도 좋은 방법이다. 꼭 정해진 비유가 아니어도 괜찮다.

친구가 나에게 "오늘은 같이 못 놀아!"라고 말했다. 그때 내 기분은 맛없는 빵을 먹는 기분이었다. 오늘 하루는 검은색이다. 엉망진창이었다.

평소에 대화할 때도 "엄마는 지금 기분이 코코아 같은데, 넌 어때?" 이런 식으로 생각을 나누는 것도 좋다.

▶ 다양한 형식과 주제 이용하기

오늘 하루 있었던 일을 시간과 장소에 따라 쭉 떠올려 본다. 다음의 다양한 일기 형식을 알려 주고 쓰고 싶은 방법으로 일기를 써 보게 하자.

* 일기 형식

만화일기	하루 중 가장 인상 깊었던 내용을 글감으로 정해 4컷이나 6컷, 8컷 만화로 그린다.
단어 그림일기	글만 쓰는 일기가 아닌 단어를 자신만의 그림으로 바꾸어서 나타낸다.
관찰일기	우리 주변의 동물이나 식물 등 여러 다양한 사물을 관찰하여 그 관찰내용이나 새롭게 알게 된 것을 자세하게 기록한다.
주장일기	한 가지 주제를 정하여 자기의 생각이나 의견을 나타낸다.
대화일기	자기의 마음을 털어놓을 수 있는 친구를 정해서 그 친구와 이야기를 나누는 것처럼 적는다.
편지일기	대화일기와 마찬가지로 대상을 정해 편지 형식으로 쓴다.
뉴스일기	그날의 중요한 뉴스를 글감으로 자기 생각을 덧붙여 적어 본다.
사진이나 입장권 붙인 일기	특별한 일이나 사건과 관련된 사진, 기차, 버스표나 입장권을 붙이고 설명을 덧붙여 나타낸다.
신문의 사진, 글자 오려 붙인 일기	신문이나 잡지에서 오려낸 글자를 이어 붙여 일기를 쓰거나 신문 기사에 자기 생각을 덧붙여 적는다

일기를 잘 쓸 수 있는 팁

'나는 친구랑 오늘 축구를 했다. 내가 3대 2로 이겼다. 참 재미있었다.'

아이가 일기를 이처럼 아주 짧게 썼다면 엄마가 여러 질문을 해 보자.

"친구 누구? 축구를 어디서 했는데? 처음에 골 넣은 사람은 누구였어? 축구 하다가 기분 나빴던 일은 없었어? 축구 하면서 힘들지는 않았어? 둘이 축구를 할 때 주변엔 아무도 없었던 거야?"

아이는 엄마의 관심에 신이 나서 대답한다. 이야기를 듣고 나서 아이에게 이렇게 대답하자.

"지금 엄마한테 말한 내용이 모두 일기에 들어가게 쓰는 거야. 그 상황에 없던 사람도 네 일기장만 보면 어떻게 축구를 했는지 머릿속에 그릴 수 있도록 해 보자. 그럼 다시 써 볼까?"

다시 쓰게 할 때는 '일기 쓰는 미션 종이'를 주고 보면서 쓰라고 한다. 미션을 잊어버리지 않도록 보면서 일기를 쓰게 하는 것이다.

어떤 경우든 이미 다 했다고 생각한 걸 다시 쓰라고 하면 분명히 싫어할 수밖에 없다. 그럴 때는 "엄마랑 방학 동안 일기를 딱 다섯 번만 같이 써 보자." 하고 아이와 협의 후 시작하면 더 좋다.

일기 미션지

☐ 대화 글을 2줄 이상 쓴다.

☐ 소리를 흉내 내는 말(의성어)이나 모양을 흉내 내는 말(의태어)이 들어가도록 쓴다.

☐ 내 감정을 나타내는 말을 다양하게 쓴다(감정 사전에서 골라 쓰거나 마음을 색깔이나 물건으로 표현한다).

☐ 일기를 듣는 사람이 궁금한 것이 더 없도록 자세하고 구체적으로 쓴다.

☐ 10줄 이상은 채운다.

다시 쓰기가 끝난 후에는 미션 중 성공한 부분에 동그라미를 쳐서 칭찬해 준다. 미션 외에도 부모님이 봤을 때 멋진 표현이 있다면 특히 강조해서 칭찬해 준다.

아이의 일기를 1년 단위로 묶어서 보관하자. 1년이 지날 때마다 쌓여 가는 일기장과 어릴 때 썼던 일기를 함께 읽는 시간을 가지면 일기를 써야 하는 이유가 조금 더 분명해질 수 있다.

수학,
수 감각을 키워라

7세, 입학 전에 수학은 무엇을 준비하면 좋을까? 저학년의 수학에서 어떤 것을 배우는지를 알면 무엇을 준비해야 할지 알 수 있다.

1학년 수학 교육과정

1학년 1학기는 수와 모양, 덧셈과 뺄셈 등의 기본 수학 개념과 친해지는 시간이다. 직접 세어 보고, 바둑돌이나 사탕 같은 구체물로 수를 가르고 모으는 구체적인 조작 활동을 하면서 수 감각을 기른다. 2학기가 되면 6개의 단원 중 3개의 단원이 덧셈과 뺄셈이다. 수 모형을 통해 십의 자리와 일의 자리의 자릿값 개념을 정확하게 이해하고, 단순히 덧셈과 뺄셈을 하는 것에서 한발 더 나아가 10으로 만들어 덧셈과 뺄셈을 익힌다.

*1학년 수학 단원과 개념

학기	단원명	1학년 수학 개념
1학기	9까지의 수	수, 수의 순서, 1 큰 수, 1 작은 수
	여러 가지 모양	여러 가지 모양 알고 굴려 보기
	덧셈과 뺄셈	모으기와 가르기, 한 자리 수 덧셈과 뺄셈
	비교하기	무겁다, 넓다
	50까지의 수	9 다음 수, 10개씩 묶어 세기
2학기	100까지의 수	몇십, 짝수, 홀수
	덧셈과 뺄셈(1)	받아올림이나 받아내림이 없는 두 자리 수 덧셈, 뺄셈
	여러 가지 모양	세모, 네모, 동그라미 모양 찾기
	덧셈과 뺄셈(2)	세 수의 덧셈, 뺄셈, 10이 되는 더하기, 10에서 빼기, 10을 만들어 더하기
	시계 보기와 규칙 찾기	몇 시, 몇 시 삼십 분
	덧셈과 뺄셈(3)	세 수 더하기, 모으기와 가르기 하면서 덧셈, 뺄셈 받아올림과 받아내림이 있는 (몇) + (몇) = (십몇), (십몇) - (몇) = (몇)

1학년의 수학은 어려운 내용은 아니지만 수 개념과 수 감각을 위해 기초를 꼭 잘 다지고 넘어가야 하는 부분이다. 다음 개념들을 반드시 정확하게 알고 넘어가자.

수 개념

1학년 1학기에는 50까지의 수에 대해 배운다. 1단원에서는 9까지의 수, 5단원에서는 50까지의 수, 2학기에는 100까지의 수에 대해서 배운다. 처음 배울 때 수 개념을 제대로 잡아야 한다. 다양한 물건으로 수를 세고 수 판을 이용해서 수만큼 그림을 그려보는 활동들을 한다.

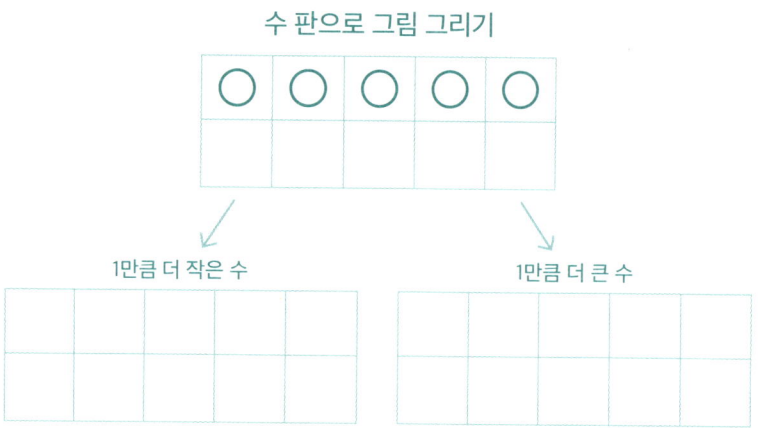

10 이상의 수는 10개씩 묶음 모형과 낱개 모형으로 양감을 기를 수 있도록 연습한다. 이때 두 자리 수를 단순히 쓰고 읽는 연습이 아

니라 자릿값을 정확하게 이해할 수 있도록 두 자리 수를 10개씩 묶음과 낱개로 나누어 표현하는 것을 연습한다.

모으기와 가르기

수를 모으고 가르는 것은 덧셈과 뺄셈의 중요한 기초다. 사탕이나 바둑돌로 연습을 많이 하고, 숫자로도 가르고 모으고를 많이 연습하면 좋다. 1학기 3단원에서는 9 이하의 수의 범위에서 모으기와 가르기를 하고, 5단원에서는 10부터 19까지의 수를 모으기와 가르기를 한다.

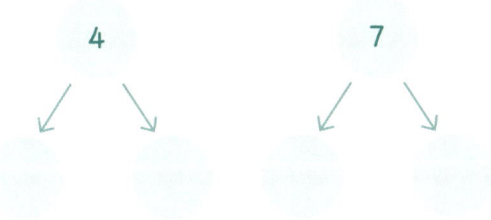

또 2학기 4단원에서는 10이 되는 더하기와 빼기를 수 모형이나 수 판에 그리는 활동 등을 이용해 연습한다. 감각을 익혀 조작활동 없이도 10에 대한 보수를 구할 수 있어야 한다.

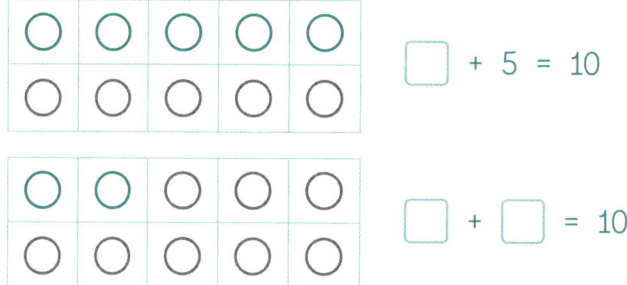

덧셈과 뺄셈

1학기에는 두 수의 합이 9 이하인 덧셈을 한다. 단순히 연산에서 끝나는 것이 아니라 '하나씩 세어 보기', '그림으로 그리기', '수직선에 표현해 보기', '식으로 세어 보기', '수의 가르기와 모으기' 등의 다양한 방법으로 덧셈을 할 수 있도록 한다.

1학년 2학기는 여섯 단원 중 세 단원이 덧셈과 뺄셈을 다룬다.

2학기 내용을 다 배우면 (몇)+(몇)=(십몇), (십몇)-(몇)=(몇)과 같이 받아올림, 받아내림이 있는 덧셈, 뺄셈까지 할 수 있게 된다. 이때 강조하는 것은 수 모형을 통해 원리를 이해하는 것이다. 또 10을 만들어서 덧셈과 뺄셈을 하는 법을 연습한다. 이때 수 가르기와 모으기를 했던 것, 10의 보수를 연습했던 것이 활용된다.

10을 만들어 덧셈하기

11 + 7 = 8 + 2 + 8 = 18
10

2학년 수학 교육과정

2학년 1학기에는 특히 3단원 덧셈과 뺄셈에서 여러 가지 방법으로 덧셈과 뺄셈하는 것을 아이들이 힘들어한다. 가르고 모으기를 계속 연습하는 것이 수 감각을 기르는 가장 좋은 방법이다.

구구단을 외우는 것이 2학년 2학기의 가장 중요한 목표이다. 1학기에 배웠던 곱셈 개념을 다시 생각하면서 2개씩, 3개씩 묶고, 동수누가(同數累加)의 개념으로 구구단이 나왔다는 것을 꼭 알았으면 좋겠다.

* 한눈에 보는 2학년 수학 단원과 개념

학기	단원명	2학년 수학 개념
1학기	세 자리 수	백(100), 세 자리 수
	여러 가지 모양	원, 삼각형, 사각형, 변, 꼭짓점, 오각형, 육각형
	덧셈과 뺄셈	받아올림이 있는 두 자리 수 덧셈, 받아내림이 있는 두 자리 수 뺄셈
	길이 재기	단위 길이, 1cm, 자로 길이 재기
	분류하기	기준에 따라 분류하고 세기
	곱셈	곱하기(×), 묶어 세기
2학기	네 자리 수	천(1000), 네 자리 수
	곱셈구구	2, 5단 ⇨ 3, 6단 ⇨ 4, 8단 ⇨ 7단 ⇨ 9단
	길이 재기	1m, 길이의 합과 차
	시각과 시간	1분, 1시간, 오전, 오후
	표와 그래프	자료를 표와 그래프로 나타내기
	규칙 찾기	덧셈표, 곱셈표, 무늬, 쌓은 모양에서 규칙 찾기

2학년 역시 연산이 중요하다. 덧셈, 뺄셈, 곱셈의 원리를 정확히 이해할 수 있도록 하고, 꾸준히 반복해서 연습해야 한다.

자릿값

새로운 단위 수가 등장하면 반드시 수 모형을 이용해서 이해하는 과정이 필요하다. 세 자리 수 역시 백 모형, 십 모형, 일 모형을 사용해, 세 자리 수가 100이 몇 개, 10이 몇 개, 1이 몇 개로 구성됨을 알아야 한다. 즉 324에서의 3은 그냥 3이 아니라 300을 의미함을 알아야 하는 것이다. 자릿값을 잘 알지 못하면 삼백이십사를 300204라고 아이들이 생각보다 자주 하는 실수다. 2학기에는 네 자리 수까지 배우는데, 이 역시 수 모형으로 이해하도록 한다.

324 = 100이 3개 + 10이 2개 + 1이 4개

덧셈과 뺄셈

덧셈과 뺄셈을 처음 배우는 1학년 때와 마찬가지로, 2학년에도 덧셈과 뺄셈은 아주 중요하다. 특히 1학기 3단원에서 덧셈과 뺄셈에서 받아올림과 받아내림이 있는 두 자리 수의 계산을 배우는데, 1학년에 배운 것의 연장선이라 많이 어렵지는 않다. 하지만 답을 구하는 것에 그치지 않고, 하나의 식을 여러 가지 방법으로 접근해 푸는 과정을 배우기 때문에 이 부분을 힘들어한다. 예를 들어 29+13을 한다면 ㉠ 29+10+3, ㉡ 29+1+12, ㉢ 30+13-1의 세 방법으로 문제를 푼다. 단순히 세로 셈으로 바꾸어서 받아올림을 하는 방법 외에 여러 경우로 수를 가르고 모아 덧셈과 뺄셈을 하는 것이다. 연습만

큼 좋은 무기는 없다. 계속 연습하면서 수 감각을 기르면 좋겠다.

곱셈

2학년 수학에는 중요한 미션이 하나 있다. 바로 구구단이다. '구구단을 외우면 계산을 쉽게 할 수 있다.'라는 생각으로 단순암기를 통해 생각 없이 "이 오 십!"을 외치기 쉽다. 2와 5를 곱한다는 의미는 2를 다섯 번 더한 것이라는 개념을 모른 채 외우기만 하는 것이다. '2×5=2+2+2+2+2'와 같은 기본 개념을 정확하게 알고 넘어가지 않으면, 문장제 응용문제를 풀지 못할 뿐만 아니라 학년이 올라가면서 계속 확장되는 분수의 곱셈 개념을 이해하지 못한다.

2학년 1학기 때 여러 가지 방법으로 물건의 수를 세고, '몇씩 몇 묶음'을 '몇의 몇 배'로 나타냄으로써 배의 개념과 동수누가의 개념을 배운다. 이를 정확하게 이해한 후, 2학기에 2단부터 9단까지의 곱셈 구구를 배우고 한 자리 수 곱셈을 해야 한다.

입학 전 미리 예습하면 좋은 것들

- □ 1에서부터 50까지, 가능하면 100까지 읽고 써 보기
- □ 사탕이나 공깃돌 등을 이용해서 10의 보수 개념 연습하기
  (사탕 잡기 놀이 : 사탕 10개를 놔 두고 엄마가 몇 개 집는다. 엄마

가 집은 건 몇 개인지 세어 보고 남은 게 몇 개인지 말한다.)
□ 간단한 덧셈과 뺄셈을 연습하기
주사위를 이용해서 두 번 던져서 나온 수를 더하거나 뺀다.
□ 정각과 30분 단위의 시간을 읽어 보기

입학하고 나서 공부해야 하는 것

연산 연습

저학년의 수학 내용은 연산이 많다. 하지만 연산은 저학년의 내용뿐만 아니라 초등 수학의 전반적인 내용에 많이 나온다. 따라서 매일 10분은 연산을 연습하자. 방문 연산 학습지도 좋고, 시중에서 파는 연산 문제집도 좋다. 매일 10분 연산 연습, 잊지 말자.

교과서 복습

수학 익힘책을 점검하자. 수학 익힘책에는 그 단원에서 가장 핵심이 되는 문제들이 들어 있다. 수학 익힘책의 문제들을 모두 풀 수 있다면 충분히 잘하고 있다. 응용문제 한 문제 정도는 어려운 문제가 들어 있어서 다 풀 수 있는 학생이 생각보다 많지 않다. 교과서를 학교 사물함에 두고 다니기 때문에 수학 교과서와 수학 익힘책을 한 권 더 사서 집에서 복습할 때 사용하는 것이 좋다. 수학 문제집을 한 권 준비해서 집에서 복습하는 것도 좋다.

수학 동화 읽기

수학 개념을 다양한 방법으로 이해하고, 수학 독해력을 기르기 위해 수학 동화를 추천한다. 도서관에 가면 다양한 수학 동화들이 많이 있으니, 찾아서 읽어 보자.

*재미있고 다양한 수학 동화

제목	작가	출판사
우리 수학 놀이 하자	크리스틴 달	주니어김영사
수학의 저주	존 셰스카	시공주니어
로렌의 지식 그림책 시리즈 : 수학(덧셈 놀이, 뺄셈 놀이, 분수 놀이)	로렌 리디	미래아이
양치기 소년은 연산을 못한대	박영란	뭉치
수학이 정말 재밌어지는 책	미레이아 트리위스	그린북
떡장수 할머니와 호랑이는 구구단을 몰라	이향안	뭉치
수학을 푹푹 먹는 황금이	박현정	뜨인돌어린이
신통방통 수학 시리즈	서지원	좋은책어린이

수학 보드 게임

수 감각을 만들려면 조작을 통한 수 인식을 늘리는 것이 필요하다. 수학 교구나 수학 보드게임을 하면 수학에 흥미가 떨어지는 아이들도 조금은 수학에 대해 마음을 열 수 있다.

* 도형 영역

교구 명	특징
지오픽스	평면도형, 입체도형과 관련해서 많이 활용할 수 있다. 정삼각형, 정사각형 모양의 요철 있는 조각이 있어서 요철을 맞추고 조립할 수 있다.
메이크 앤 브레이크	블록 완성품이 그려진 건축 카드를 보고 가장 빨리 정확하게 건축물을 만들면 된다. 가장 먼저 건축물을 만든 사람은 테이블 중간에 있는 베이직 색 블록을 가져올 수 있다.
카프라	같은 모양의 나무블록이다. 이 나무블록으로 다양한 입체 건축물을 만든다.
양면 지오보드	고무줄을 걸 수 있는 작은 막대가 판에 여러 개 꽂아져 있다. 그 막대에 고무줄을 걸어서 다양한 모양을 만들 수 있다.
패턴블럭	옮기기, 뒤집기, 돌리기 수업과 무늬 꾸미기 수업에 활용 가능하다. 삼각형, 평행사변형, 마름모, 육각형 등 평면도형을 배울 때 도형 만들기를 할 수 있다.
쌓기나무	교과서의 쌓기나무 단원에 직접적으로 활용할 수 있다. 다양한 모양을 만들 수 있다.
소마큐브	크기가 같고 면이 서로 접하는 3-4개의 큐브가 다양하게 조합된 블록이 있다. 이 블록들로 정육면체로 맞추는 방법이 240가지나 된다.
펜토미노/ 입체 펜토미노	테트리스와 비슷한 조각들로 구성된 도형이다. 하나의 정사각형을 모노미노라고 한다. 정사각형 2개를 붙여서 만든 건 도미노, 3개는 트리오미노, 4개는 테트로미노, 5개를 붙여서 만든 도형을 펜토미노라고 한다. 평면도 있고, 입체도 있다. 평면 펜토미노로 직사각형 만들기, 재미있는 모양 만들기, 도형의 이동과 대칭 알아보기 등에 활용할 수 있다.
칠교놀이 (탱그램)	7개의 도형 조각으로 이루어져 있어서 다양한 모양을 만들 수 있다.

* 수와 연산 영역

교구 명	특징
가우스X	곱셈구구를 활용해서 조각들을 올려 놓는 형식의 게임. 2-4인용. 단순한 계산능력을 넘어서 사고력과 판단력이 요구된다.
수 모형 (연결큐브)	낱개짜리가 모여서 10개를 만들고, 10개짜리를 붙여서 100개가 되는 큐브 형태의 모형이다. 이 모형을 통해 받아올림과 받아내림을 직접 조작하며 깨우칠 수 있다.
부루마블	세계 도시와 수도를 여행하는 재산 증식형 게임
테이크잇이지	벌집 모양의 판에 벌집 숫자 조각들을 올려 놓는 퍼즐 형식의 게임. 타일을 놓으면서 줄의 색상을 맞춰서 연결하면 점수를 얻는다. 같은 색상의 줄 숫자와 타일 개수를 곱한 값이 그 줄의 점수가 된다. 다양한 상황에서 최적의 조합을 만들어야 한다.
로보77	덧셈 뺄셈을 연습할 수 있다. 앞 사람 카드의 숫자와 내 카드의 숫자를 더해서 77이 넘지 않아야 한다.
셈셈피자가게	한 자리 수 및 두 자리 수의 덧셈과 뺄셈 게임으로 피자 3판을 먼저 완성하면 승리하는 게임
할리갈리	같은 과일의 숫자가 5가 되었을 때 먼저 종을 치는 사람이 카드를 갖는 게임
루미큐브	차례마다 자기가 가진 타일을 조합해 내려 놓거나, 더미에서 타일 하나를 새로 가져와 내 받침대에 추가한다. 타일을 내려놓으려면 같은 숫자의 다른 색깔 타일이나 같은 색깔의 다른 연속된 숫자로 3개 이상의 타일을 조합해야 한다.
다빈치코드	상대방의 숫자를 추리하는 보드게임.
퀴즈네르막대	서로 다른 색깔과 크기를 가진 직육면체 막대들을 모아 놓은 교구. 덧셈과 뺄셈, 분수, 통분 등 여러 단원에 걸쳐서 활용이 가능하다. 가장 긴 막대가 10, 가장 짧은 막대가 1을 의미한다.

* 문제해결 영역

교구 명	특징
펜타고	스웨덴에서 개발된 변형 오목 게임. 4개로 나눠진 판을 돌려가면서 오목을 함. 기존의 오목보다 더 많이 고민하고 생각해야 하는 두뇌 게임.
아발론	검은색, 흰색 구슬을 이용하여 상대방을 밀어 내면 이기는 창의적 사고 전략 게임. 다양한 상황에서 주어진 조건에 맞게 판단해야 한다.
SET	인원수의 제한이 없는 독특한 게임. 1명부터 10명까지 가능. 모양, 색깔, 무늬, 개수의 4가지 조건이 각각 모두 같거나 모두 다른 3장의 카드를 SET이라하고 이 SET을 찾는 게임.
블로커스/ 블로커스트라이콘	정사각형 도형 조각들로 이루어진 블로커스 조각들을 조건에 맞게 게임판에 많이 놓으면 이기는 게임. 창의적인 사고전략이 필요하다. 변, 모서리, 꼭지점 수업에 활용 가능하다. 4가지 색상의 블록 조각으로 하는 일종의 땅따먹기 게임으로, 가진 블록을 제일 빨리 판에 올린 사람이 이긴다.
보난자	콩을 심고 수확하고, 트레이드하고 판매하는 과정을 통해서 경제, 경영을 즐겁게 배울 수 있다. 더불어 사회성과 의사소통 능력도 기를 수 있다.

* 퍼즐 영역

교구 명	특징
러시아워/ 사파리 러시아워	경우의 수를 따져가면서 미로를 빠져나가는 길찾기 형 퍼즐 게임. 사파리 러시아워는 러시아워의 확장판. 문제 카드처럼 배열한 후 빨간 차가 빠져나가야 함.
팁오버	경우의 수를 따져가면서 미로를 빠져나가는 길찾기 형 퍼즐게임. 주인공이 빨간 테두리에서 시작하여 빨간색 블록에 도착해야 한다.

브릭 바이 브릭	다양한 모양의 벽돌 조각으로 주어진 모양을 만드는 블록 퍼즐 게임.
쉐잎 바이 쉐잎	다양한 모양의 도형 조각으로 주어진 모양을 만드는 도형 퍼즐 게임. 어려워서 해결을 못 할 때는 뒷면의 두 가지 힌트 중 하나를 보고 해결한다.
악마퍼즐	칠교놀이와 비슷하나 난이도가 더 높음. 악마처럼 무서운 퍼즐이라는 뜻.
구슬퍼즐	다양한 모양의 구슬조각들로 교재에 주어진 문제를 해결하는 퍼즐.
달걀퍼즐	달걀 모양의 도형 조각 퍼즐로 교재에 주어진 문제를 해결하는 퍼즐. 저학년은 해답을 보고 따라 맞추기. 고학년은 그림자만 보고 따라 맞추기.
원형퍼즐	원형의 도형 조각 퍼즐로 교재에 주어진 문제를 해결하는 퍼즐. 저학년은 해답을 보고 따라 맞추기. 고학년은 그림자만 보고 따라 맞추기.

영어, 책과 영상으로 다 잡자

초등학교 공교육에서 영어를 처음 배우는 때는 3학년부터이다. 그래서 보통은 늦어도 2학년 겨울방학에는 영어를 시작한다. 영어의 시작 시기는 개인마다 너무 다르지만 나는 개인적으로 7세에는 영어에 충분히 노출 되어야 좋다고 생각하고 있다. 대신 영어 노래, 영어 책과 같이 자연스러운 방법을 추천한다.

영어 동영상 활용

영어를 배우는 데 영어를 직접 사용하는 장면을 눈으로 보는 것은 꼭 필요하다. 그것을 가까운 누군가가 제공하거나 외국에 가서 제공받지 않는 이상은 영상으로 제공받을 수밖에 없다. 하지만 아무것도 모르는 상태에서 영상만 무작정 본다고 영어 실력에 그다지 큰 도움이 되지는 않는다. 영어책을 보고, 영어 어휘도 따로 보고, 상호작용도 병행되어야 영어 영상이 시너지 효과를 나타낼 수 있다.

영어 노래를 많이 활용하자. 영어 노래는 듣다 보면 흥얼거리게 되고, 그 안에 쉽고 좋은 표현이 많이 들어 있다. 초기 학습자에게 가장 좋은 흘려듣기가 영어 노래다. 유튜브에 영어 노래라고 검색하면 많이 나온다. 그런 노래를 틀어서 자꾸 듣고, 율동을 같이하면 좋다. 영어 애니메이션이나 영어로 미술활동을 하는 채널을 활용해도 좋다.

정규 수업에서 영어를 배우는 3학년이 되기 전에 영어 알파벳을 미리 떼야 하는지 질문을 받곤 한다. 할 수 있다면 하는 게 좋다. 베껴 쓰기, 보고 쓰기, 듣고 쓰기 등의 다양한 활동을 통해 알파벳 인쇄체의 대·소문자를 써 보자. 알파벳 노래와 알파벳이 나오는 질 좋은 무료 영상이 많이 있으니 이것도 활용하자.

알파벳 익히기

영어 대문자·소문자 익히기
대문자 이름을 알고 색칠하기, 스티커 붙이기, 도장으로 찍어서 알파벳 모양 만들기, 몸동작·손동작으로 알파벳 만들기 등을 한다. 다양한 재료와 색으로 알파벳을 접했다면 알파벳 따라 쓰기도 반복한다. 대문자를 익힌 후 소문자 이름과 함께 익힌다. 색칠하기, 스티커 붙이기, 도장으로 찍기, 몸동작, 손동작으로 표현하기, 따라 쓰기, 순서에 맞추어 알파벳 쓰기 등을 하면서 익힌다.

알파벳 북 활용하기
서점에 나와 있는 흥미롭고 창의적인 알파벳 북을 활용해도 좋다.

파닉스 익히기
자음과 모음의 소리를 배우는 노래, 챈트(chant), 랩(rap) 등을 사용한다. 유튜브에 파닉스라고 검색하면 다양한 노래나 영상들이 나온다. 또 『Hop on pop』, 『one fish two fish red fish blue fish』와 같은 책을 활용해 문맥 안에서 파닉스를 익히면 재미있게 접할 수 있다. 동시에 파닉스를 익힐 수 있는 시중 교재를 이용해서 쭉 진도를 나가도 좋다.

    시각 어휘는 철자와 소리를 일대일로 대응시키기 힘들어서 한눈에 단어를 자동적으로 인식해야 하는, 문자 텍스트에서 비교적 빈도수가 높은 어휘를 말한다. 이런 단어는 하나의 그림처럼 통문자로 인식할 수 있도록 매일 몇 개씩 익히도록 한다.

* 문자 텍스트에서 빈도 수가 높은 시각 어휘 100개

the	he	at	but	there	will	some	two	my	long
of	was	be	not	use	up	her	more	than	down
and	for	this	what	an	other	would	write	first	day
a	on	have	all	each	about	make	go	water	did
to	are	from	were	which	out	like	see	been	get
in	as	or	we	she	many	him	number	call	come
is	with	one	when	do	then	into	no	who	made
you	his	had	your	how	them	time	way	oil	may
that	they	by	can	their	these	has	could	now	part
it	I	word	said	if	so	look	people	find	over

Fry(1977a), Elementary Reading Instruction

단어카드나 워크지를 활용해서 영어 단어를 읽는 것은 파닉스를 익히기에 좋다. 또한 어휘력이 늘어나면 자연히 영어책을 읽을 수 있게 된다. 자연스럽게 책을 읽으며 맥락을 통해 어휘를 익히는 것도 좋지만 영어 단어카드를 따로 읽는 것은 큰 도움이 된다.

영어책 읽기

영어를 접하는 방법은 크게 두 가지다. 영어 영상을 보는 것과 영어책을 읽는 것이다. 한국어책과 마찬가지로 영어책도 처음에는 읽어주다가 파닉스를 배워 가면서 조금씩 읽도록 하자. 영어책을 읽으면서 모르는 단어나 짧은 문장은 영어 공책에 써 보면 읽기와 쓰기가

상호보완 된다. 도서관에 가서 짧은 영어책부터 도전하자.

그림책

상황에 맞게 단어가 바뀌는 단순 반복패턴, 등장인물이 대화하는 대화식 반복패턴, 이야기가 전개되면서 표현들이 점점 증가하는 누적식 반복패턴 등의 단순한 그림책을 먼저 접한다.

리더스 북

파닉스를 조금 뗐다면 쉬운 리더스 북을 읽어 본다. 리더스 북은 어휘, 문법, 문장의 난이도에 따라 단계별로 구성해서 교육용 목적에 초점을 맞춘 영어 원서이다. 읽기 연습을 하는 데 좋다. 단계에 따라서 사용되는 어휘가 제한되어 있어서 수준에 맞게 읽기 연습하면서 성취감을 느낄 수 있다고 생각하자.

예비 챕터북

예비 챕터북은 챕터북과 그림책을 읽어 주는 중간단계이다. 그림책과 달리 몇 개의 소주제 또는 에피소드로 챕터가 나누어져 있고, 텍스트의 이해를 돕기 위한 삽화가 있다. 예비 챕터북과 챕터북이 명확하게 구분이 되는 건 아니고, 쉬운 챕터북이라고 보면 된다.

* 예비 챕터북

제목	작가
Magic Bone	Nancy Krulik
Horrid Henry	Suzy Kline
Commander Toad	Jane Yolen
Nate the great	Marjorie Weinman Sharmat, Marc Simont
Houndsley and Catina	James Howe, Marie-Louise Gay
Judy Moody	McDonald, Megan
Mercy Watson	Kate Dicamillo
Dog man	Dav Pilkey
Owl Diaries	Rebecca Elliot
Bink & gollie	DiCamillo, Kate
Princess Black	Shannon Hale / Dean Hale
Black Lagoon	Mike Thaler, Jared Lee
Rainbow magic	Daisy Meadow
Amber Brown series	Paula Danziger
Magic tree house	Mary Pope Osborne
Rotten Ralph	Gantos, Jack

사회와 과학, 통합교과 이해하기

1학년과 2학년에서 사회, 과학에 해당되는 교과가 통합교과이다. 교과서 이름이 봄, 여름, 가을, 겨울이다. 1학기에는 '봄, 여름'이라는 교과서, 2학기에는 '가을, 겨울'이라는 교과서를 배운다. 1학년, 2학년 봄, 여름, 가을, 겨울 같은 이름의 통합교과인데 배우는 내용은 약간씩 다르다.

통합교과 교과서 하나당 두 단원으로 구성이 되어 있다. 1학년의 1단원에서는 '학교에 가면', '우리는 가족입니다', '내 이웃 이야기', '여기는 우리 나라'로 구성되어 있는데, 학교에서부터 가족, 이웃, 나라까지 확장해서 배우는 것이다.

2학년 통합교과 1단원은 '알쏭달쏭 나', '이런 집 저런 집', '동네

학년 \ 학기		1학기		2학기	
		봄	여름	가을	겨울
1학년	1단원	학교에 가면	우리는 가족입니다	내 이웃 이야기	여기는 우리나라
	2단원	도란도란 봄동산	여름 나라	현규의 추석	우리의 겨울
2학년	1단원	알쏭달쏭 나	이런 집 저런 집	동네 한 바퀴	두근두근 세계여행
	2단원	봄이 오면	초록이의 여름여행	가을아 어디있니	겨울탐정대의 친구찾기

한 바퀴', '두근두근 세계여행'으로 구성되어 있으며, 우리 몸이 하는 일에서부터 다양한 가족의 형태, 동네 사람들의 직업, 세계 여러 나라의 옷, 인사, 집, 춤까지 배우면서 범위를 확장해 나간다.

1학년 통합교과 2단원은 '도란도란 봄 동산', '여름 나라', '현규의 추석', '우리의 겨울'로 구성되어 있고, 2학년 통합교과 2단원은 '봄이 오면', '초록이의 여름 여행', '가을아 어디 있니', '겨울 탐정대의 친구 찾기'로 구성되어 있다. 통합교과의 2단원은 모두 '계절'에 대한 내용이다.

통합교과 연계 체험학습 장소 추천

1, 2학년의 많은 부분이 자연, 생태와 관련된 내용이다. 그러니까 1, 2

학년 때는 산, 바다, 동굴, 동물원, 식물원 같은 자연과 관련된 체험을 많이 하는 게 좋다.

길동생태공원, 아차산생태공원, 하늘공원, 우포, 국립광릉수목원, 서울숲, 양재천, 선유도공원, 경기도 민물고기 연구소, 두물머리애벌레 생태학교, 서대문자연사박물관, 주필거미박물관, 조류생태전시관 등의 장소를 추천한다. 또 우리나라에 대해서 배우기 때문에 국립국악원이나 김치박물관 등에 가서 우리나라의 문화를 느끼게 해 주면 좋다.

2학년 때는 다른 나라에 대한 이야기도 등장하기 때문에 세계다문화박물관, 중남미문화원, 아프리카문화원 같은 곳을 방문해 세계의 문화를 간접 체험해 보는 기회를 가져 보자. 이외에도 안전한 생활이라는 교과를 배우게 되니 안전 체험관을 가보는 것도 추천한다.

사회 배경지식 키우기

사회 공부는 배경지식이 핵심이다. 같은 글을 읽어도 평소에 잘 알던 분야는 수월하게 읽히지만 처음 접하는 분야라면 글자를 읽어도 의미가 와닿지 않는다. 그 차이는 배경지식 때문이다. 얼마나 많은 배경지식을 갖고 있느냐가 사회와 과학 공부를 좌우한다.

사회는 세상을 읽는 눈이다. 평소에 책을 읽고, 다양한 체험을 하고, 신문과 뉴스를 보면서 부모님과 대화를 나누는 아이들은 세상을 보는 눈이 넓다. 다음과 같은 것들을 하면서 세상을 바라보는 눈을 넓혀 주자.

박물관이나 전시회 가기

박물관이나 전시회는 한 주제와 관련된 것들을 모아 놓은 보물섬이라고 할 수 있다. 미술 전시회를 간다면 전시회에 나오는 화가나 작품에 관해서 먼저 책을 읽고 전시회를 보면서 궁금한 것들을 적고 설명도 읽는다. 다녀와서 궁금한 것을 찾아보고 함께 이야기하는 시간을 갖는다.

사회 경험 직접 하기

물건을 사거나 환불을 하거나 은행에 가서 통장을 만들어 보는 등 다양한 경험을 직접 해 본다.

사회 관련 책 읽기

살면서 모든 것을 직접 경험할 수 없다. 그래서 책을 읽으면서 경험해 보지 못했던 것들을 간접적으로 겪는 기회가 많아야 한다. 직업에 관련된 책을 읽으며 여러 직업을 경험하고, 다양한 나라의 책을 읽으며 가 보지 못한 나라에 대한 지식을 쌓을 수도 있다. 도서관이나 서점에 가면 사회 지식을 재미있게 알려 주는 책이 많다.

지도 자주 들여다보기

사회 공부는 지도가 기본이다. 사회과부도나 지구본, 우리나라 지도, 세계지도 등을 가까이 두고 자주 찾아보자. 교과서를 보다가, 책을 읽다가, 나라 이름이 나오면 세계지도에서 어디 있는지 찾아보자. 우리나라의 지역 역시 연관이 있을 때마다 어디에 있는지 지도에서 찾아보게 하자.

과학 다양한 체험을 하자

자연 속에서 살아 있는 체험하기

자연에서 뛰어놀기, 집에서 식물이나 동물 키워 보기, 밤하늘의 별자리 관찰하기, 식물의 냄새 맡아 보기, 자연환경을 관찰하고 그림으로 그리거나 사진 찍기 등을 해 본다.

다양한 견학, 체험하기

과학박물관이나 과학전시회, 과학 캠프 등에 참여해 본다. 체험 학습관 팸플릿이나 사진 자료 등을 읽고 정리해 두는 것도 도움이 된다.

과학 관련 책이나 과학 잡지 읽기

과학 관련 책을 읽다 보면 평소 궁금했던 것들을 해결할 수 있고 과학의 배경지식도 많이 쌓을 수 있다. 전시회를 갔다 와서 관련된 과학책을 찾아봐도 좋고, 학교에서 배운 내용과 관련된 과학책을 찾아봐도 좋다. 도서관에 있는 과학 잡지도 읽어 보자.

과학 관련 영화나 다큐멘터리 보기

시각적으로 보면 이해하기 더 쉽고 기억에도 오래 남을 수 있다. 유튜브에 있는 영상 중에는 도움이 되는 영상도 많이 있다.

궁금한 것 많이 만들기

과학에서 가장 중요한 것은 뭐니 뭐니 해도 '호기심'이다. 궁금한 점을 많이 만드는 방법은 일단 관찰이다. 주변을 관찰하다 보면 '왜 이럴까?' 하는 호기심이 생긴다. 질문도 하다 보면 자꾸 궁금한 게 더 생기게 마련이다. 주변을 관찰하면서 '왜?'라는 질문을 자꾸 던지는 대화를 해 보자. 그러면서 함께 '궁금이 수첩' 같은 걸 만드는 것도 좋다. 아무리 궁금한 것들이라도 당장 적어 놓지 않으면 쉽게 잊어버린다. 궁금증이 생길 때마다 수첩에 적어 두었다가 나중에 책이나 인터넷으로 이유를 찾아보거나 선생님이나 부모님께 질문해 보자.

1~2학년 학습 체크리스트　　1학기 점검사항

| 1학년 |

- ☐ 연필을 바르게 잡고, 글씨를 바르게 쓰는가?
- ☐ 한글 읽기를 또박또박 잘하는가?
- ☐ 간단한 문장을 쓸 수 있는가?
- ☐ 50까지의 수를 읽고 쓸 수 있는가?
- ☐ 더 무겁다, 더 넓다 등의 비교를 할 수 있는가?
- ☐ 수 모으기와 가르기를 할 수 있는가?
- ☐ 받아올림이나 받아내림이 없는 한 자리 수의 덧셈, 뺄셈을 할 수 있는가?

1학년 1학기에서는 한글을 또박또박 읽고, 받아올림이나 받아내림이 없는 한 자리 수의 덧셈, 뺄셈을 할 수 있는 것이 가장 핵심 사항이다.

| 2학년 |

☐ 맞춤법에 맞게 낱말을 바르고 정확하게 쓸 수 있는가?
☐ 책을 읽고 인물에게 하고 싶은 말을 할 수 있는가?
☐ 받아올림과 받아내림이 있는 두 자리 수 덧셈과 뺄셈을 할 수 있는가?
☐ 원, 삼각형, 사각형, 오각형, 육각형, 변, 꼭짓점을 아는가?
☐ 1cm를 알고 자로 길이를 잴 수 있는가?
☐ 기준을 세워 분류할 수 있는가?

2학년 1학기는 맞춤법에 어느 정도 맞추어 낱말을 바르고 정확하게 쓰고, 받아올림과 받아내림이 있는 두 자리 수 덧셈과 뺄셈을 할 수 있는 것이 핵심사항이다.

1~2학년 학습 체크리스트　　　2학기 점검사항

| 1학년 |

- ☐ 낱말의 받침에 주의하며 간단한 문장을 쓸 수 있는가?
- ☐ 흉내 내는 말을 넣어 문장을 만들 수 있는가?
- ☐ 문장 부호의 쓰임을 알고 문장을 바르게 쓸 수 있는가?
- ☐ 알맞은 목소리로 소리 내어 이야기를 읽을 수 있는가?
- ☐ 글을 읽고 무엇을 설명하는지 아는가?
- ☐ 홀수와 짝수의 개념을 아는가?
- ☐ 100까지의 수를 알고 있는가?
- ☐ 받아올림과 받아내림이 있는 (몇)+(몇)=(십몇), (십몇)-(몇)=(몇)을 할 수 있는가?
- ☐ 세모, 네모, 동그라미 모양을 찾을 수 있는가?
- ☐ 세 수의 덧셈을 할 수 있는가?
- ☐ 10이 되는 더하기, 10에서 빼기를 할 수 있는가?
- ☐ 몇 시, 몇 시 삼십 분까지 읽을 수 있는가?

1학년 국어는 알맞은 목소리로 소리 내어 이야기를 읽을 수 있는지 낭독 연습을 많이 하자. 1학년의 수학 핵심은 뭐니 뭐니 해도 덧셈과 뺄셈이다. 받아올림과 받아내림의 개념을 이해하고

(몇)＋(몇)＝(십몇), (십몇)−(몇)＝(몇)의 덧셈, 뺄셈을 자유롭고 빠르고 정확하게 할 수 있는지 점검하자.

| 2학년 |

☐ 인상 깊었던 일을 쓸 수 있는가?
☐ 흉내 내는 말을 넣어 짧은 글을 쓸 수 있는가?
☐ 글을 읽고 인물에게 하고 싶은 말을 글로 쓸 수 있는가?
☐ 이야기를 읽고 일이 일어난 차례대로 말을 할 수 있는가?
☐ 글을 읽고 주요 내용을 찾는 방법을 아는가?
☐ 네 자리 수는 '몇천 + 몇백 + 몇십 + 몇'임을 아는가?
☐ 곱셈 구구의 개념을 알고 구구단을 외울 수 있는가?
☐ m 단위를 알고, 길이의 합과 차를 구할 수 있는가?
☐ 1분, 1시간, 오전, 오후의 개념을 알고 있는가?
☐ 자료를 표와 그래프로 나타낼 수 있는가?

2학년 국어는 인상 깊었던 일을 일기로 쓰는 것, 글을 읽고 인물에게 하고 싶은 말을 글로 쓸 수 있는 게 좋다. 2학년 수학의 꽃은 구구단이다. 구구단만 자유자재로 해도 큰 어려움 없이 3학년 수학을 할 수 있다. 길이의 합과 차 계산을 한 번 더 복습하자.

◆ 맺는말 ◆

매일매일 자라면서
독립하는 아이

아들이 태어나 내 품에 처음 안겼던 따뜻했던 그 순간을 잊을 수가 없습니다. 아들의 영유아 시절의 사진들을 보면 이상하게 눈물이 나곤 합니다. 이제는 더 이상 볼 수 없는 그 시절 아들의 귀여운 모습에 대한 안타까움, 열심히 성장하고 있는 아들에 대한 고마움과 대견함, 내가 사람을 만들어 놨다는 스스로에 대한 기특함 등 무지갯빛 감정들이 뒤죽박죽이 되다 보니 그런가 봅니다.

아이를 키우는 과정은 황홀하고 아름답지만은 않습니다. 너무 힘들고 우울한 순간들도 많습니다. 아이를 키운다는 것이 단순히 먹고 재우는 물리적인 지원 외에도 해 주어야 할 것이 너무도 많기 때문이겠지요.

내 아이가 건강하게 크기를 바랍니다.
내 아이가 멋진 생각을 하는 사람이 되었으면 좋겠습니다.
내 아이가 타인과의 관계에서 행복을 느꼈으면 좋겠습니다.
내 아이가 배움의 기쁨을 알아갔으면 좋겠습니다.

제 욕심이 너무 많은 걸까요? 부모님 여러분도 사실 그렇지요? 이런 마음을 담아 아이의 마음독립을 위해, 생활독립을 위해, 학습독립을 위해 아이가 7~9세가 되었을 때 해 줄 수 있는 것들을 정리해 봤습니다. 정리의 과정에서 자꾸 집에 있는 아들이 떠올라, 엄마로서 스스로 다짐하는 시간이 되기도 했습니다.

7~9세에 튼튼한 습관을 만드는 것은 고학년이 되어 습관을 만드는 것보다 더 수월하다는 것을 많은 부모님들이 잘 아십니다. 하지만 모든 것이 실천으로 이어지지는 않지요. 그래도 제대로 알고 있으면 훨씬 낫습니다. 분명히 말씀드릴 수 있습니다.

많은 아이들의 초등 시절을 지켜보다 보니 이제 교실 속 아이들을 보면, 이 아이의 부모님은 어떤 양육방식을 갖고 있겠구나 지레짐작하기도 하지요. 그리고 나의 양육방식도 다시 돌아 봅니다.

이제 7~9세에 접어드는 아이의 마음, 생활, 학습독립을 위해 선생님이자 엄마인 저와 함께 노력해 보시기 바랍니다. 지금 당장 나아지지 않는 것 같아도 너무 걱정하지 마세요. 우리 아이들은 매일매일 성장하고 있으니까요.

7~9세 독립보다 중요한 것은 없습니다

1판 1쇄 인쇄 | 2022년 12월 26일
1판 1쇄 발행 | 2023년 1월 12일

지은이 | 이서윤
펴낸이 | 김영곤
이사 | 은지영
영상사업1팀 | 김종민
아동마케팅영업본부장 | 변유경
아동마케팅1팀 | 김영남 황혜선 황성진 이규림
아동영업팀 | 한충희 강경남 오은희 김규희
편집 | 꿈틀 이정아 **북디자인** | design S **제작 관리** | 이영민 권경민

펴낸곳 | (주)북이십일 아울북
등록번호 | 제406-2003-061호 **등록일자** | 2000년 5월 6일
주소 | 경기도 파주시 회동길 201(문발동) (우 10881)
전화 | 031-955-2128(기획개발), 031-955-2100(마케팅·영업·독자문의)
팩시밀리 | 031-955-2421
브랜드 사업 문의 | license21@book21.co.kr

ⓒ 이서윤, 2023
ISBN 978-89-509-7890-7 13590

- 책값은 뒤표지에 있습니다.
- 이 책 내용의 일부 또는 전부를 재사용하려면 반드시 ㈜북이십일의 동의를 얻어야 합니다.
- 잘못 만들어진 책은 구입하신 서점에서 교환해 드립니다.